La décolonisation économique
de l'Afrique noire française

Collection « Études africaines »

dirigée par Denis Pryen et son équipe

Forte de plus de mille titres publiés à ce jour, la collection « Études africaines » fait peau neuve. Elle présentera toujours les essais généraux qui ont fait son succès, mais se déclinera désormais également par séries thématiques : droit, économie, politique, sociologie, etc.

Dernières parutions

Guy Noël KOUARATA, *Manuel de phonologie des langues bantoues du Congo*, 2017.
Abdourahamane OUMAROU LY, *Partis politiques, démocratie et État de droit en Afrique : l'exemple du Niger*, 2017.
Désiré BALABALA, *Le mariage coutumier chez les Budu en République Démocratique du Congo*, 2017.
Ibrahima TRAORÉ, *L'État de droit dans les Républiques du Mali et du Sénégal*, 2017.
Nathalie VUMILIA NAKABANDA, *La protection de la veuve en République Démocratique du Congo, Quelle effectivité ?*, 2017.
Zoumana DIARRA, *Les mutations de la haute fonction publique au Mali, Une contribution à l'étude de la réforme de l'Etat, 2017.*
Issa Makan KEITA, *La responsabilité pénale des personnes morales en droit malien à la lumière du droit comparé*, 2017.
Mahamat Nasser HASSANE, *Dispositions et normes environnementales des lois pétrolières en Afrique centrale. Projets d'exportation du brut tchadien et du pipeline Tchad-Cameroun*, 2017.
Romaric Franck QUENTIN DE MONGARYAS, *L'école secondaire au Gabon, Analyse sociologique des jugements professoraux*, 2017.
Minette TOMEDI EYANGO TABI, *Bassin versant du Nkam-Wouri. Prototype de la biodiversité des zones humides du Cameroun*, 2017.
Herman Blaise NGAMENI, *La diffusion du droit international pénal dans les ordres juridiques africains,* 2017.
San Simon COULIBALY, *Interroger les défunts, orienter les vivants. Analyse ethnolinguistique des causes de la mort en pays toussian*, 2017.
Auguy MAKEY, *Misère de la philosophie négro-africaine*, 2017.
Edwige KOUADIO, *Du fosterage à l'adoption plénière. L'adoption des enfants de la pouponnière d'Adjamé (Abidjan, Côte d'Ivoire)*, 2017.

Joubert Nouafo

La décolonisation économique de l'Afrique noire française

Par l'émergence des entreprises nationales et compétitives

L'Harmattan

5-7, rue de l'Ecole-Polytechnique, 75005 Paris

http://www.editions-harmattan.fr

ISBN : 978-2-343- 13171-9
EAN : 9782343131719

Je dédie cet ouvrage

A mon défunt père, le Prince FOHOM Pierre Leblanc qui m'a inculqué, depuis ma tendre enfance, un nationalisme et un patriotisme inébranlables

A ma défunte mère DJILO Elise, qui a su concilier son rôle de femme au foyer et celui de femme politique

A mon maître et ami, feu le Professeur TCHUNDJANG POUEMI, qui m'a fait aimer la chose économique et stimulé ma passion pour la monnaie

A tous ces compagnons de lutte, engagés courageusement sur le front de la décolonisation monétaire de l'Afrique Noire Française, qui ont mené le travail ardu de conscientisation du peuple sur le rôle néfaste du Franc CFA, et exigent *hic et nunc* sa souveraineté monétaire.

Au peuple d'Afrique noire qui, malgré les abondantes ressources naturelles de leur vaste région, est maintenu dans la pauvreté.

SOMMAIRE

INTRODUCTION

En 1960, à son accession à l'indépendance politique, le Cameroun est, avec tous les autres pays africains, classé dans la catégorie *des pays sous développés*. La science du sous développement est, à ce moment, à la recherche de ses lettres de noblesse. Et les thèses, sur ce phénomène, se succèdent. L'universitaire français PHILIPPE HUGON, commet, en 1968, un ouvrage aux Presses Universitaires de France intitulé « ANALYSE DU SOUS DEVELOPPEMENT EN AFRIQUE NOIRE*, l'exemple de l'économie du Cameroun* ». Il est à cette époque, Maître Assistant à la Faculté de Droit et des Sciences Economiques de Paris, après avoir été enseignant d'économie à l'université de Yaoundé. Il conclut son ouvrage sur ce souhait : *«* Est-ce faire preuve de trop d'optimisme que de croire que les responsables nationaux et étrangers auront assez d'imagination pour cerner le réel et réaliser ensemble le Cameroun de demain »

En 1980, le statut du Cameroun a changé ; il est devenu un *pays en voie de développement*. Il est alors dans la phase du décollage économique grâce aux efforts de ses dirigeants et d'un peuple qu'ils ont su mettre au travail. L'économie tourne à plein rendement

Mais en 1985, c'est la crise économique mondiale qui entraîne la mise en place des mesures d'ajustement structurel sévères avec son cortège de fermetures d'entreprises publiques. Tout l'effort fait antérieurement par le Cameroun se trouve anéanti. Ravalé au rang de *pays pauvre très endetté* (PPTE), il entame une douloureuse traversée du désert.

En 1994, au moment où il est sur le point d'en sortir, la dévaluation du franc Cfa est décrétée. Le Cameroun est, de nouveau, précipité dans les profondeurs de l'abîme.

Cet exemple commun à tous les pays d'Afrique Noire est pris pour démontrer comment ces derniers sont condamnés, par la dictature du capitalisme pur, au supplice de la roche de Sisyphe, c'est-à-dire à recommencer éternellement un travail qu'on pensait achevé. Ils endurent un colonialisme économique dont les principales caractéristiques sont: à l'extérieur, la fixation abusive des prix de leurs matières premières par un marché dont les règles du jeu leur échappent; et, à l'intérieur, la forte dépendance de leurs économies des entreprises transnationales qui dictent leurs lois.

L'Afrique doit se libérer de cette dépendance qui la maintient dans la pauvreté. Elle doit se réapproprier son économie par le biais d'une industrialisation endogène adossée à l'érection des petites et moyennes entreprises nationales et compétitives.

Cet essai se subdivise en trois parties. La première établit le lien entre la colonisation économique et le mal développement de l'Afrique Noire; la deuxième présente les principales conditions pour réussir la décolonisation économique et la troisième montre quelques expériences de divers autres pays dont elle pourrait s'inspirer.

Partie I

La colonisation économique et le mal développement de l'Afrique noire française

Chapitre I

La colonisation économique de l'Afrique noire française

« Si tu heurtes ta tête contre une cruche
et que cela sonne creux, il ne faut pas en déduire
automatiquement que c'est la cruche qui est vide. »
(Confucius)

Présentation de l'empire français en Afrique

L'ensemble des anciennes colonies françaises d'Afrique noire est désigné, dans cet ouvrage, sous la dénomination Afrique noire française.

Cette appellation traduit la volonté inflexible de l'ancienne métropole de s'approprier cette partie de l'Afrique, conformément à la prétention des grandes puissances occidentales à se partager le monde en zones d'influence, et au droit d'ingérence qu'elles ont érigé en doctrine.

Malgré les indépendances, les rapports entre cette partie de l'Afrique et son ancien « maître » demeurent déséquilibrés. C'est une réalité qui s'observe dans les ballets d'allégeance de ses leaders à l'Elysée, sitôt élus.

La littérature politique actuelle utilise également l'expression *« pré-carré français »*, pour désigner ces pays. Ceci suggère une relation bâtie sur la domination impériale : une chasse gardée.

Cet « empire » français comprend 14 pays dont la superficie totale est de 7.740.974 km² et dont la population est d'environ 170,157 millions d'habitants. Ils sont répartis actuellement dans deux zones géographiques, celle de l'Afrique de l'Ouest et celle de l'Afrique Centrale.

En voici la liste :

- Bénin **:** superficie 114.762 km² et 10, 448 millions d'habitants
- Burkina Faso : 274.400 km² et 18, 365 millions d'habitants
- Cameroun : 475.442 km² et 23,76 millions d'habitants
- République Centrafricaine : 622.984 km² et 5,166 millions d'habitants
- Tchad : 1.284.000 km² et 11,631 millions d'habitants
- République du Congo : 342 000 km² et 4,786 millions d'habitants
- Gabon : 267.667 km² et 1,723 millions d'habitants
- Guinée : 245.857 km² et 11,17 millions d'habitants
- Côte d'Ivoire : 322.462 km² et 25,23 millions d'habitants
- Mali : 1.240.192 km² et 15,3 millions d'habitants
- Mauritanie : 1.030.700 km² et 3,596 millions d'habitants
- Niger : 1.267.000km² et 19,04 millions d'habitants
- Togo : 56.785 km² et 7,552 millions d'habitants
- Sénégal : 196.782 km² et 14,1 millions d'habitants

Ces confettis d'états ont en commun :

- L'utilisation de la langue française qui est un instrument de domination culturelle au service de la politique : car, la francophonie dont ils sont membres est un espace où sont débattus non seulement des problèmes de la langue mais aussi des questions politiques qui les concernent.

- Dans la plupart des cas, l'usage du franc CFA (le franc des colonies françaises en Afrique), qui est un outil du maintien des rapports commerciaux exclusifs avec l'ancienne métropole, d'abord, et avec l'Europe ensuite, par le biais des accords de coopération et de partenariat économique.

- La centralisation de leurs réserves de change dans le compte d'opérations logé auprès du Trésor Français, un mécanisme de leur aliénation économique

- La pauvreté, à laquelle la religion chrétienne, vecteur de la colonisation de la première heure, demande aux peuples colonisés de se soumettre, afin d'accéder à Dieu : « Heureux les pauvres en esprit car ils verront Dieu »

On pourrait ajouter à la liste ci-dessus, la Guinée Equatoriale. Bien qu'ayant été colonisée par l'Espagne et utilisant toujours la langue espagnole, elle a adopté le franc Cfa comme monnaie nationale. Elle est donc devenue une obligée de la France. Ceci ne l'a pas, pour autant, mis à l'abri de nombreuses tentatives de déstabilisation dont elle a été l'objet de la part de l'Espagne et cautionnée en sous main par l'Hexagone. Ces deux Etats sont mécontents de n'avoir pas été associés à l'exploitation pétrolière de ce nouveau petit émirat pétrolier. Ce dernier est aujourd'hui humilié par une France qui, en violation des règles diplomatiques liées à l'immunité, s'autorise de traîner son Vice Président actuel par devant ses tribunaux, pour des supposés « biens mal acquis ».

Dans l'euphorie de leur dignité recouvrée, dès 1960, par des indépendances très souvent octroyées par l'ancienne métropole, les nouveaux Etats du pré carré n'avaient pas compris que la souveraineté politique n'était que le début d'un combat encore plus âpre, celui de la décolonisation économique. Leurs dirigeants ont été naïfs de penser que le pays colonisateur et ses colons pouvaient se retirer en abandonnant les profits économiques immenses qu'ils tiraient de leurs positions dominantes.

LA DÉPENDANCE ÉCONOMIQUE DE L'AFRIQUE

La vérité est cruelle : l'Afrique Noire Française, bien qu'ayant diversifié ses partenaires commerciaux, demeure prisonnière des accords secrets passés avec l'ancienne métropole qui lui fixent, encore aujourd'hui, ses privilèges et ses domaines réservés dont la violation s'avère être, à coup sûr, un casus belli. Le corset des accords de coopération que ses dirigeants ont accepté de porter, maintient la domination économique sur elle. Ses entreprises de souveraineté sont confisquées par les multinationales qui agissent avec la complicité des experts économiques du Fonds Monétaire International (FMI). Et, la répression violente qui s'abat sur ses petites et moyennes entreprises, par des artifices règlementaires, empêche la production de la richesse de manière endogène. Dès lors, elle est encore, de nos jours, confinée au rôle de débouché naturel pour les produits industriels français d'abord, puis européens. Voilà la mondialisation, cette loi de la jungle qui veut que *« la raison du plus fort soit toujours la meilleure »*.

Le Trésor Français, évaluant les échanges commerciaux entre la France et l'Afrique subsaharienne, dans son journal en ligne, peut alors constater que : « En 2015, l'Afrique subsaharienne représentait 43% des ventes et 42% des achats de la France en Afrique… et la part de l'Afrique subsaharienne est en augmentation puisqu'en 2006, elle représentait 40,5% des exportations et 40% des importations à destination ou en provenance de l'Afrique. Globalement, l'Afrique subsaharienne est pour la France un partenaire commercial à peu près équivalent à l'Amérique latine. Les exportations de la France vers l'Afrique subsaharienne ont atteint 12,3 Mds d'euros et ses importations de cette région se situaient à 9,8Mds d'euros. » Avantage donc à la France !

L'ancienne métropole continue de maintenir, de manière experte, son pré carré dans la dépendance économique. C'est pourquoi celui-ci a du mal à trouver le chemin du développement.

L'INCURIE DE LA CLASSE DIRIGEANTE AFRICAINE

A l'aube des indépendances, beaucoup de chefs d'Etats africains se sont d'abord entourés des techniciens issus de la métropole appelés « coopérants techniques ». Ayant constaté que ces derniers n'étaient, en réalité, que des relais travaillant à la préservation des intérêts métropolitains dans les administrations locales, ils se sont, donc, appuyés sur des cadres nationaux formés à grands frais dans les universités occidentales. Ceux-ci n'ont pas su ou pu les aider à prendre les décisions qui s'imposaient pour résoudre les problèmes du développement de leurs pays.

Terre de prospérité sous l'ère précoloniale, l'Afrique Noire Française est devenue, plus d'un demi- siècle après l'accès à la souveraineté politique, un espace de misère. La croissance persistante de la pauvreté dans cette région qui regorge pourtant de fabuleuses ressources minières et énergétiques, conduit les Africains à s'interroger sur l'utilité pratique des leçons apprises par leurs élites dans de prestigieuses enceintes du savoir des pays du Nord. Ces dernières ont accumulé des diplômes, certes, mais beaucoup d'entre elles n'ont pas compris que tout parchemin n'est qu'un certificat d'aptitude à toujours apprendre, à toujours questionner, et à remettre quelque fois en cause les enseignements reçus ou au moins à les adapter à leur environnement. Hélas, dans leur majorité, elles se sont constituées en bourgeoisies compradores et ont atrophié leurs cerveaux par des préoccupations bassement matérielles. Ces chers « professeurs » dont on ne doute point du confort intellectuel sont plutôt attentifs à la protection de leurs carrières. C'est la désillusion !

LE COLONIALISME ÉCONOMIQUE EN AFRIQUE

En 1955, la conférence de BANDOENG, regroupement d'un ensemble de pays pauvres dont les africains faisaient partie, sollicitait l'aide des pays industrialisés pour réussir le pari du développement de ses membres. Mais, les solutions qui ont été proposées à ce regroupement de pays dits non alignés (PNA) dénommés « tiers monde », par l'économiste français Alfred SAUVY, se sont toujours révélées comme des impostures, parce que bâties souvent sur de fausses idéologies et des théories discutables. Hier, par exemple, l'implantation des entreprises transnationales en Afrique Noire française était vivement conseillée à ses dirigeants et à ses élites intellectuelles par les économistes du Nord, au prétexte que celles-ci auraient un effet d'entrainement sur la création d'un tissu industriel national de petites et moyennes entreprises: c'était la théorie dite *des industries à effet d'entraînement*. Aujourd'hui, il apparaît que ces grandes entreprises, bénéficiant des avantages de codes d'investissement taillés sur mesure, n'ont fait que retarder le développement de ces pays pauvres; elles ont pillé leurs ressources, annexé leurs terres, détruit leur écosystème, embrigadé leur main d'œuvre et empêché l'éclosion et le développement des petites et moyennes entreprises nationales. Comme solution à leurs détresses économiques imputées facilement à leur mauvaise gouvernance, les gourous du Fonds Monétaire International ont prescrit la privatisation de leurs entreprises de souveraineté, au grand bonheur de ces mastodontes destructeurs. Les dirigeants résignés se soumettent sans prendre des dispositions pour améliorer leurs gestions. Ils préfèrent, sans consultation, vendre à l'encan ou concéder ces entreprises qui ont pourtant été créées par l'impôt du contribuable.

En 2011, le Professeur émérite de sociologie à l'université de Genève, JEAN ZIEGLER, rapporteur spécial à l'Onu pour le droit à l'alimentation de 2001 à 2008, dénonçait, dans son ouvrage intitulé DESTRUCTION MASSIVE GEOPOLITIQUE DE LA FAIM : « Ces sociétés prédatrices en grande majorité agro-alimentaires qui, au nom de leurs intérêts propres, confinent les habitants de leurs pays d'accueil à la faim. »

Ces multinationales dominent les états de l'Afrique Noire Française, imposent leur point de vue politique par la corruption et souvent par la violence. Elles sont à l'origine de nombreux coups d'état perpétrés par des mercenaires alliés à des forces endogènes dont elles financent les actions ; l'objectif étant de porter au pouvoir les hommes soumis qui ne s'aviseraient pas d'aller contre leurs intérêts. Elles ont fait main basse sur la gestion des ports et des aéroports, du transport ferroviaire et de tout ce qui touche à la logistique, à la distribution de l'eau et de l'électricité, aux exportations du café, du cacao, du bois et autres produits de base, encouragées par les institutions de Bretton-Woods.

Les pays d'Afrique Noire Française subissent une division du travail bien organisée : ils ne produisent et ne vendent que des matières premières dont les prix de vente sont fixés sur les marchés occidentaux qui s'arrangent à les maintenir artificiellement toujours à un niveau bas. En retour ils sont inondés par les produits finis des pays industrialisés dont les prix évoluent en permanence à la hausse et sont souvent mille fois plus élevés que ceux des matières premières qui les composent. La science économique appelle cela *«détérioration des termes de l'échange»*. L'économie des pays africains fortement dépendante des exportations des produits de base ne peut donc pas être stable. L'Occident le sait. Il peut, quand il le veut, déstabiliser l'Afrique en maintenant les prix de son pétrole, de son cacao, de son bois et de tout produit d'exportation à un niveau artificiellement bas, de manière durable.

Pendant qu'à l'international, les pays africains subissent la loi du marché qui est toujours en leur défaveur, localement les entreprises transnationales leur dictent la leur.

L'Afrique Noire est donc vulnérable. Son rôle actuel se réduit à nourrir l'Occident. Pour ce faire, l'ancienne métropole a conçu et mis en place des instruments tels que les accords de défense, de coopération économique et monétaire et ceux de partenariat économique qui répriment, en même temps et de manière violente, son développement.

Telles sont les réalités de la colonisation économique qu'elle subit.

La prise de conscience de l'Afrique

L'Afrique noire n'a pas rapidement compris la collusion entre le Capital occidental, le FMI et la Banque Mondiale, pour l'assujettir économiquement. Elle a donc passé ses années d'indépendance politique à errer sur le plan économique. .

En février 1979, une prise de conscience de certains dirigeants semble s'opérer lors de la quatrième réunion du Groupe des 77, à Arusha. Julius NYERERE, Président de la Tanzanie, s'adressait, avec réalisme, aux membres de ce groupe dont l'Afrique Noire Française fait partie, en ces termes: « Ce que nous avons de commun, c'est que nous sommes tous, du point de vue du monde développé, des pays dépendants, pas interdépendants. Nos économies se sont développées en tant que sous-produits du développement, ont été placées dans une relation subordonnée par rapport aux pays industrialisés du Nord et sont orientées vers l'extérieur. Nous ne sommes pas les éléments moteurs de notre destinée. Nous avons honte de l'admettre, mais nous sommes économiquement dépendants, des semi- colonies au mieux, mais pas des états souverains. » Il recommandait donc de : « Parachever la libération du tiers monde de la domination extérieure. ».

L'urgence de la décolonisation économique par une révolution industrielle africaine

Depuis cet appel du Président NYERERE à la décolonisation économique, l'Afrique n'a pas amélioré son sort de manière significative. Sa domination économique par la métropole et ses alliés européens s'est plutôt intensifiée avec la complicité de certains dirigeants africains eux-mêmes, plus préoccupés par les jeux politiques, la recherche du pouvoir à tout prix et à tous les prix. Ils n'osent pas prendre leurs responsabilités pour rompre les cordons ombilicaux qui lient leurs pays respectifs à l'ancienne métropole

La décolonisation économique est pourtant l'unique solution pour mettre l'Afrique Noire Française sur le chemin du développement. Elle ne peut se faire que par une véritable *révolution industrielle.*

Cela n'est pas facile, compte tenu des forces d'inertie endogènes et exogènes qu'il faut vaincre. A l'intérieur, certains politiciens et fonctionnaires ne sont mus que par des intérêts personnels qui les amènent plutôt à céder à l'Occident tous les actifs de leur pays. Ils peuvent ainsi se construire d'immenses fortunes généralement logées dans les banques métropolitaines avec la complicité des dirigeants des pays occidentaux. Celles-ci constituent pourtant des instruments de chantage puisqu'au moment opportun elles seront taxées de « *biens mal acquis* » et saisies.

A l'extérieur, certaines intelligences militent clairement pour le statu quo économique de l'Afrique. Pour elles, il ne faut surtout pas qu'elle s'industrialise afin d'éviter une concurrence qui, adossée à la transformation locale des matières premières pourra être néfaste pour leurs produits finis. Par ailleurs, conscients de l'importance que prend l'Afrique dans le développement et le positionnement international de leur pays, les Français savent, à l'instar du journaliste français ANTOINE GLASER que *« la France sans l'Afrique est une voiture sans carburant ».* Il est donc à craindre que la décolonisation économique ne soit plus violente que la lutte pour l'accession aux indépendances politiques. L'Afrique noire doit alors s'apprêter à faire face au choc inéluctable qu'elle va subir de son «maître» d'hier qui, sans aucun doute, ne veut pas lâcher la bride. Partout, des mouvements d'humeur s'enchainent. Les populations sont lasses des systèmes d'embrigadement mis en place par l'ancienne métropole, appelées *néocolonialisme*. Elles commencent à dénoncer le *droit d'ingérence* que celle-ci se donne. Elles envahissent ça et là les rues pour crier leur ras le bol et réclament, de sa part, le changement de gouvernance, ainsi que le respect mutuel qu'elle doit à leurs Etats. C'est la fin d'une époque: celle des «pères fondateurs». Ils ont conquis l'indépendance politique de haute lutte, mais n'ont pas pu, hélas, éviter à leur peuple cette misère évidente entretenue par un pacte colonial qui n'a jamais été rompu.

Le pré-carré français doit relever le défi majeur de sa révolution industrielle. Il s'agira, pour elle, de disposer de ses matières premières en toute indépendance et d'en assurer, de manière rationnelle, la transformation locale par des entreprises nationales dont elle devra susciter la création.

Chapitre II

L'ÉTAT DU DÉVELOPPEMENT EN AFRIQUE NOIRE FRANÇAISE

« Je ne cherche pas à connaître les réponses,
mais je cherche à comprendre les questions. »
(Confucius)

L'ÉVOLUTION DU CONCEPT DU DÉVELOPPEMENT DEPUIS 1945

Le dictionnaire Larousse définit le développement comme « Un progrès qualitatif et durable de l'économie. »

Dans le langage des économistes, le terme qui traduit le progrès, c'est *la croissance*; c'est-à-dire le rapport de deux valeurs de la production en deux périodes de temps. La durabilité est synonyme de permanence ou de continuité d'une part, et renvoie à l'amélioration du bien-être d'autre part. Ainsi donc, pour ce dictionnaire, le développement s'entend comme une croissance permanente et continue de l'économie dans la préservation de l'environnement et dans la recherche du bien-être de la population.

Quand les ressortissants des pays africains voyagent dans les pays du Nord, ils tombent d'admiration face à la qualité et la densité de leurs infrastructures routières, hospitalières, scolaires, de communication et de télécommunication, d'une part, et, d'autre part, face au train de vie élevé de leurs habitants. Tout cela constitue, à leurs yeux, le reflet du développement. Ils ont sans doute raison; cependant, la question a toujours été de savoir ce qui est à l'origine de la création de cette richesse tant admirée.

Les économistes rattachent le développement à l'industrialisation. Elle est la conséquence de la révolution industrielle qui prend naissance en Angleterre au XVIIIe siècle et qui irradie l'Europe par la suite. Les principales étapes de cette révolution sont connues ; il s'agit:

1. De la mécanisation de la production, notamment dans la filature et la production textile
2. De la maîtrise du charbon en tant que source d'énergie et composante entrant dans la production de l'acier
3. De l'invention du moteur à vapeur qui va permettre de réduire le recours à la puissance humaine et animale pour faire fonctionner les machines.

Tout ce bouleversement avait été précédé en 1694 par la création de la banque d'Angleterre, première «Banque Centrale» et la circulation des premières monnaies fiduciaires avec pouvoir libératoire grâce à la *Restriction Bank Act* de 1797 qui avait mis fin à la convertibilité de la monnaie papier en or. C'est donc la synergie entre la monnaie et la maîtrise de la technologie qui est à l'origine de la diffusion de la révolution industrielle.

L'Economie du développement

L'économiste polonais Paul ROSENSTEIN-RODAN, est sans doute le pionnier de l'Economie du développement. Ses recherches portent sur le développement de sa région natale. En 1943, il soutient une thèse sur sa *théorie du big push* ou *croissance équilibrée,* dans laquelle il affirme que le développement appelle une croissance équilibrée, c'est-à-dire celle qui tend vers la stabilité des prix. Il nécessite donc un investissement massif dans tous les secteurs. Cette thèse est soutenue dans une publication intitulée « Problems of industrialization of Eastern and South Eastern Europe ».

C'est en 1949 que la notion de *« développement »* fait son apparition dans les instances internationales. En effet, au terme de la deuxième guerre mondiale qui s'achève, en 1945, par la capitulation de l'Allemagne, le monde est divisé en deux blocs idéologiques: le bloc capitaliste dont le chef de file est les Etats Unis d'Amérique, et le bloc communiste mené par la Russie. Sortis tous deux victorieux du nazisme allemand, ils s'affrontent désormais sur la scène mondiale au nom de leurs doctrines économiques. Chacun d'eux cherche à renforcer son camp par des actions de recrutement menées en direction des pays pauvres peu ou pas du tout industrialisés aspirant à l'indépendance. C'est dans ce contexte que le Président américain HARRY TRUMAN, dans son discours d'investiture prononcé en janvier 1949 demande aux Etats capitalistes d'aider ces pays pour éviter qu'ils ne tombent dans le giron du communisme. Il utilise alors, pour la première fois, l'expression anglaise « under developing countries » traduite en français par : « pays sous-développés » pour les qualifier, assurant ainsi une répartition du monde en 2 groupes de pays: ceux dits développés et ceux qui sont sous-développés.

En 1950, la science du développement acquiert ses lettres de noblesse grâce à William Arthur LEWIS, économiste anglais, qui mène d'importants travaux de recherche à ce sujet. Il est noir, originaire de SANTA LUCIA dans les Antilles anglaises. C'est en étudiant le cas de son île natale en proie à la pauvreté qu'il constate que les théories économiques néo classiques qui postulent la fixité de la quantité travail ne peuvent pas permettre de comprendre le fonctionnement des économies dites *sous développées*. En effet, la théorie en cours relie le développement à l'industrialisation et prend alors comme indicateur pertinent la croissance par tête d'habitant. Or, cet indicateur s'avère, imparfait car, ne rendant pas compte des inégalités dans la répartition de la richesse et échoue à proposer des solutions pour provoquer la croissance dans les pays sous développés.

En 1954, William Arthur LEWIS apporte une réponse à cette problématique dans un essai intitulé « Economic Development with unlimited supply of labour » qu'on peut traduire par « le développement économique avec une offre de travail illimitée » Il analyse l'économie des pays «tropicaux» et constate que celle-ci repose essentiellement sur le secteur traditionnel basé sur l'agriculture et les activités informelles se caractérisant par une abondante main d'œuvre, des salaires bas, une croissance élevée de la population et de mauvaises conditions de vie. Il soutient, alors, qu'à ce secteur traditionnel, peut se greffer un secteur moderne industriel attiré par «l'offre illimitée de travail» si le coût d'opportunité est bas. Le surplus de main d'œuvre dégagé du secteur traditionnel, peu coûteux, sera alors utilisé dans le secteur moderne (l'industrie). Il postule que la production du secteur moderne va alors s'accroître et que les bénéfices dégagés vont élever le revenu national. Quand le surplus de main d'œuvre du secteur traditionnel sera entièrement utilisé, les salaires vont s'accroitre. L'économie globale atteindra alors un palier plus élevé et deviendra plus intégrée. Si par contre les coûts d'opportunité ne le permettent pas, les salaires resteront toujours bas et l'économie ne pourra pas s'élever. C'est la théorie du dualisme, coexistence d'un secteur dit moderne et d'un secteur dit traditionnel au sein d'une même économie. Elle rencontre un énorme succès d'autant plus que l'auteur va l'implémenter avec une certaine réussite dans certaines îles anglaises des caraïbes. Les pays asiatiques appelés «Dragons d'Asie» l'expérimentent dès 1960 par la création des entreprises manufacturières. La croissance obtenue va conforter la thèse de LEWIS. Il acquiert alors une réputation mondiale et est sollicité par l'ONU dont il devient le conseiller pour les questions de développement. Sa créativité ne s'arrête pas pour autant. Il développe le concept des *entreprises de substitution aux importations et celui des avantages comparatifs appliqués à la main d'œuvre* qui seront utilisés par de nombreux pays africains. Le prix Nobel d'économie lui sera décerné en 1979 pour sa contribution à la compréhension des problèmes du développement.

En 1952, ALFRED SAUVY, démographe et économiste français, constate que les pays pauvres occupent une position de neutralité entre les deux blocs économiques qui s'affrontent. Il utilise alors le terme *« tiers monde »* pour les désigner. Ses prises de position en leur faveur fait naître une nouvelle doctrine: le *« tiers mondisme »*. Ces pays démunis vont se regrouper pour essayer de faire entendre leurs voix dans les différentes enceintes internationales; d'abord à la conférence des pays non alignés (PNA) à BANDOENG, puis à la Conférence des Nations Unies pour le Commerce et le Développement (CNUCED) dont la création par les Nations Unies, en 1964, va entraîner celle d'un groupe de 77 pays rassemblés en son sein sous la dénomination « GROUPE DES 77 ». L'objectif visé par ces pays « sous-développés» était de mieux négocier les conditions de leur développement face aux pays industrialisés. Ce groupe compte aujourd'hui plus de 130 pays.

Au cours de la période allant de 1960 à 1970, se développe la théorie de la dépendance. Les économistes tenants de cette théorie soutiennent que le sous-développement est la conséquence de processus historiques mis en place par les pays du Nord appelés *«centre»* ayant conduit à la dépendance économique des pays du Sud appelés *«périphéries»*. Pour eux, les pays du Nord ne peuvent pas se couper des pays du Sud qui assurent leur croissance. Ils sont en majorité d'origine latino-américaine et africaine: Raul PRESBICH, Henrique CARDUSO et Samir AMIN. Les solutions proposées sont la rupture pour les uns, et les aides des pays du Nord aux pays en développement pour les autres.

En 1970, l'ONU remplace le terme «tiers monde», par celui de « *pays en développement* » (PED), non point parce que ces pays avaient véritablement emprunté le train du développement, mais vraisemblablement parce que le terme «tiers monde» était considéré comme péjoratif.

Les Economistes du Développement ont produit de nombreux ouvrages et thèses qui n'ont, malheureusement, pas eu une grande incidence sur l'Afrique. C'est pourquoi, dénonçant ce qu'ils considèrent comme une imposture scientifique, d'autres économistes du courant classique tels que feu le Professeur TCHUNDJANG POUEMI de l'Université de Yaoundé et ancien économiste au FMI, les ont considérés comme des hommes de sciences limités. Voici ce que l'éminent professeur en dit dans son ouvrage de référence « MONNAIE SERVITUDE ET LIBERTE, la répression monétaire de l'Afrique. » :

« L'économiste du développement est dépassé, non seulement parce qu'il n'arrive pas, quand on veut bien l'écouter à tester ses connaissances (comment traiter un malade dont on sait seulement ce qu'il n'est pas, pas ce qu'il est !). La science économique du développement quand le comprendra-t-on ? Est-ce une invention de toutes pièces pour détourner l'attention des questions essentielles… A quoi a servi la science du sous-développement ? Peu importe, on continuera à creuser, à approfondir, à mieux cerner la notion de sous-développement, ou de pays en voie de développement, ou en voie d'industrialisation etc. Personne n'a jamais défini de façon utile ce concept. »

Ce jugement porté à l'encontre des économistes réputés tels que ceux qui sont cités plus haut, est dur. Mais, cette polémique prouve simplement que le développement est un concept difficile à définir.

A la recherche d'un instrument pour le mesurer, le Programme des Nations Unis pour le Développement (PNUD) le ramène aujourd'hui au « Développement Humain », c'est-à-dire l'amélioration de la qualité de vie et du bien-être des habitants, de leur état de santé à leur liberté politique et économique. Pour cet organisme, le développement humain est une fin dont la croissance économique est le moyen. Il a élaboré, en conséquence, des indices permettant de l'évaluer.

On peut, en définitive, s'accorder sur le fait que le développement est le résultat d'une vision politique dont l'Etat est le maître d'œuvre et qui s'articule autour des trois missions suivantes :

1) La création et la diversification des infrastructures qui permettront de maximiser la production nationale ;
2) La préservation de la paix et la sécurité, la démocratie et la bonne gouvernance dans son espace vital ;
3) L'amélioration de la valeur et de la qualité de son capital humain.

Il en découle que l'Etat devrait alors s'occuper :

- De l'aménagement du territoire par des infrastructures de transport, de communication et de télécommunication, afin de faciliter la production ;
- De la construction des hôpitaux, des écoles pour améliorer la qualité de son capital humain ;
- Des dispositions à prendre pour assurer l'emploi à la population afin d'améliorer la valeur de chacun.

La situation critique du développement en Afrique subsaharienne

Le douloureux constat

Quelle que soit la conception qu'on se fait du développement, on constate, avec amertume, que l'Afrique Noire Française a bien du mal à se doter des instruments économiques nécessaires pour l'impulser.

Ce gigantesque réservoir de matières premières agricoles et minières convoitées par tous les pays occidentaux et asiatiques, croupit, plus d'un demi-siècle après les indépendances, dans la pauvreté et la misère. Comme le dit le Professeur dans l'ouvrage cité plus haut: « Avec sa terre généreuse, ses incalculables ressources énergétiques et du sous-sol, ses hommes réputés pour leur force physique et mentale, mais aussi pour leur humanisme, l'Afrique mendie, se déchire, se détruit ou plutôt de ce que les combattants de notre indépendance, en donnant hier et aujourd'hui leur sueur, leur sang et souvent leur vie, ont voulu offrir au monde une terre accueillante et chaleureuse mais retrouvée, une Afrique forte mais paisible, diverse mais unie autour de ce qui lui a toujours été le plus cher : l'amour, le dialogue, la tolérance….».

Malgré toutes les actions entreprises, visant à l'amélioration du standard de vie de ses habitants, sa décadence s'accentue, aggravée par la croissance élevée de sa population dont le taux annuel est de 3% et par une performance modeste de sa production intérieure brute (PIB) dont le taux moyen de croissance n'excède pas 4,5% par an. Le chômage s'enfle et la jeunesse, aux prises avec le mal être, choisit la voie de l'émigration par tous les moyens, vers les pays dits développés du Nord. Une partie de cette jeune génération, choisit la voie de l'émigration autorisée. On la voit parquée toute la nuit le long de leurs consulats, sous les intempéries, pour solliciter le précieux sésame qui leur ouvrira les portes du paradis. L'autre, ne pouvant obtenir ce viatique, choisit l'émigration clandestine. Elle s'en va, le cœur lourd, à pied d'abord et dans des embarcations de fortune ensuite, vers ces supposés eldorados, préférant mourir, au détour de chemins dangereux ou engloutie dans les eaux salées des océans; si elle n'est pas, tout simplement, recrutée par des bandes armées « djihadistes »! Ces hommes et ces femmes préfèrent la mort au désespoir dans leurs pays.

Les pays du Nord, assiégés, hurlent contre ces nouveaux envahisseurs. Ils préfèrent se barricader derrière de hautes clôtures qui s'étendent sur des centaines de kilomètres ou se résigner à accueillir de nouveaux boat peoples vivants ou morts soit à LAMPEDUSA, petite ville côtière italienne, soit à CEUTA, ville espagnole le long de la côte africaine. Ils savent qu'ils sont la cause de cette pièce dramatique qui se joue régulièrement dans la mer MEDITERRANEE, malgré les discours démagogiques de leurs principaux responsables. Le Vatican s'en émeut; les dirigeants africains, quant à eux, choisissent de faire profil bas et de s'en tenir à des discours incantatoires sur l'immigration clandestine.

Telles sont les réalités du développement dans cette Afrique. Et on constate, avec regret, que le fossé qui sépare ce continent des pays dits industrialisés continue de s'élargir.

Pour en comprendre les raisons, faisons un bref retour sur l'histoire de l'Afrique noire Française

Chapitre III

LES CAUSES HISTORIQUES DU FAIBLE DÉVELOPPEMENT DE L'AFRIQUE NOIRE

« Celui qui ne sait pas d'où il vient, ne sait pas où il va. »
(proverbe algérien)

L'Afrique Noire Française gagnerait à bien connaître son histoire. Cela lui éviterait de nombreuses déconvenues, notamment la morgue prétentieuse de certaines personnalités telles que NICOLAS SARKOZY, ancien Président de la République française, qui affirme sans ambages que « *l'Afrique n'est pas suffisamment entrée dans l'histoire.* »

L'histoire de cette Afrique se décompose en trois grandes périodes que nous allons examiner rapidement.

L'ère précoloniale ou celle des grands empires qui, d'après les historiens, est une période de prospérité économique inégalée, mais qui est injustement qualifiée de barbare par une partie de l'Occident

L'ère de la Traite négrière et de la colonisation au cours de laquelle les fondements de cette prospérité ont été détruits. L'Afrique a été bafouée, humiliée, saccagée, vidée de ses bras valides par ceux-là qui, aujourd'hui, proclament leur mission civilisatrice. Après 300 ans, la traite cèdera la place à un ordre de domination et d'exploitation: la colonisation. Ses conséquences humaines seront également désastreuses.

L'ère post coloniale: qui est celle de la restauration de la souveraineté politique de l'Afrique. Elle a accouché malheureusement d'un néocolonialisme vicieux chargé de défendre les intérêts du maître d'hier.

L'ÉPOQUE PRÉCOLONIALE : UNE ÈRE DE PROSPÉRITÉ ÉCONOMIQUE DE L'AFRIQUE NOIRE

Le colon a écrit, à sa manière, l'histoire de l'Afrique noire en la falsifiant bien souvent pour mettre en exergue sa prétendue mission civilisatrice et excuser la barbarie avec laquelle ses actions ont été menées. JULES FERRY, le premier ministre de la France, sous la Troisième République disait dans son discours du 28 juillet 1885 aux députés de l'Assemblée Nationale ceci: « Il faut dire ouvertement que les races supérieures ont pour devoir de civiliser les races inférieures. » quel racisme !

NICOLAS SARKOZY, dans son adresse du 26 juillet 2007 à la jeunesse sénégalaise prononcée à l'Université CHEIK ANTA DIOP à Dakar, 122 ans après ce camouflet, est encore plus méprisant: « Le problème de l'Afrique c'est de cesser de toujours répéter, de toujours ressasser, de se libérer du mythe de l'éternel retour, c'est de prendre conscience que l'âge d'or qu'elle ne cesse de regretter ne reviendra pas, pour la simple raison qu'il n'a jamais existé. » Il dénie ainsi, à ce continent noir, toute contribution à la civilisation universelle, malgré les travaux scientifiques de CHEIK ANTA DIOP consignés dans un ouvrage remarquable intitulé: L'AFRIQUE NOIRE PRECOLONIALE: ETAT COMPARE DES SYSTEMES POLITIQUES ET SOCIAUX DE L'EUROPE ET DE L'AFRIQUE NOIRE DE L'ANTIQUITE A LA FORMATION DES ETATS

MODERNES (édition PRESENCE AFRICAINE 2000) dans lequel il démontre que l'Egypte est la mère des civilisations.

L'ancien Président français voulait appeler les Africains, notamment leurs dirigeants, à une amnésie de l'âge d'or de leur continent. Leurs réactions embarrassées, après ce discours provocateur, prouvent qu'ils ne sont pas prêts à suivre celui-là qui rêvait d'être un nouveau MOÏSE pour l'Afrique. Et pourtant!

LA PROSPÉRITÉ ÉCONOMIQUE INÉGALÉE DES GRANDS EMPIRES AFRICAINS DE L'ÈRE PRÉCOLONIALE

L'histoire des vastes empires et des royaumes en Afrique de l'Ouest est relatée par des historiens, géographes et voyageurs arabes et berbères dont les plus connus sont :

- AL-BAKRI né en 1014 et décédé en 1094 ;
- IBN BATTUTA né en 1304 et mort en 1377 ;
- IBN KHALDOUN né en 1332 et mort en 1406.

Celle des royaumes de l'Afrique Centrale est contée dans les chroniques de FILIPPO PIGAFETTA né en 1533 et mort en 1604.

Leurs récits écrits n'ont rien d'imaginaire et sont consignés dans des documents soigneusement conservés jusqu'à présent.

L'auteur du présent ouvrage s'est volontairement limité, pour les besoins de sa démonstration, à trois empires: deux en Afrique de l'Ouest et un en Afrique Centrale dont les impressionnantes organisations politiques, économiques et administratives auront marqué les historiens et inspiré beaucoup d'Etats modernes: il s'agit respectivement des empires du GHANA, du MALI et du KONGO.

L'empire du Ghana

Créé au III° siècle par le peuple SONINKE, au sud du Sahara, le royaume du GHANA a pour premier roi DINGA CISSE. Il va s'agrandir dès le VIII° siècle pour devenir un empire sous la dynastie de KAYA MAGAN CISSE, par les annexions des royaumes voisins. Il atteindra son apogée au XI° siècle.

D'après les historiens, cette longévité repose sur la rigueur de sa structure administrative et politique et la force de son organisation économique.

Sur le plan administratif, l'empire se compose de royaumes vassaux. Chacun d'eux conserve son organisation propre et est soumis à l'obligation de payer un tribut annuel à l'empereur. C'est un système de type fédéral qui sera copié plus tard par l'Occident.

Il est découpé en 12 provinces régies par 12 gouverneurs. L'armée est supervisée par 18 généraux et la police compte 4 responsables.

L'organisation politique de l'empire est centrée sur l'empereur qui s'appuie sur les clans. 12 patriarches descendants directs des compagnons de DINGA président à la prise de grandes décisions qui sont ensuite communiquées aux chefs de clans pour actions. La capitale, siège des institutions, est KOUMBI SALEH.

L'économie est basée sur l'agriculture, l'élevage, les forges, la production des tissus et surtout l'exportation de l'or et du sel qui favorisent le rayonnement de l'empire.

Les échanges commerciaux entretenus par les arabes sont très intenses avec des pays situés parfois à des milliers de kilomètres. L'empereur lève un impôt sur les marchandises qui entrent et sortent de son territoire.

Les écrits d'AL BAKRI montrent la puissance de l'empire basée sur la production et le commerce de l'or, ainsi que sur une organisation parfaite et une armée redoutable.

Affaibli par la poussée des musulmans Almoravides au XI° siècle et la destruction partielle de sa capitale, l'empire entame son déclin; les différents royaumes qui le composent recouvrent leur souveraineté.

L'empire du Mali

A la fin du XII° siècle, le roi MAGANN KONATE, père de SOUNDIATA KEITA, règne sur le Manding, région sud- ouest de l'actuel Bamako que dirigent depuis le XI° siècle trois clans malinkés: les KEITA, les CAMARA, les CONDE. A la même époque, au Nord, SOUMAHORO KANTE, roi du SOSSO, qui a soumis plusieurs Etats voisins ne fait pas mystère de sa volonté d'annexer le Manding. Au XIII° siècle, le nouveau roi du Manding, SOUNDIATA KEITA, s'organise militairement et livre plusieurs batailles au roi de SOSSO dont celle de KIRINA en 1235 qu'il remporte. Cette victoire va favoriser la naissance du plus grand empire qu'a connu l'Afrique et vraisemblablement le monde: l'empire du MALI. Car, à partir de ce moment, SOUNDIATA KEITA va se lancer à la conquête des différents royaumes du Mali qu'il va unifier pour former son empire. Il devient le MANSA, c'est-à-dire le roi des rois. Jusqu'à sa mort cet empire connaît la prospérité.

L'empereur est au centre de son organisation politique. Il est assisté d'un Premier ministre, d'un conseil de 30 clans au sein duquel se prennent toutes les décisions : 16 clans d'hommes libres, 4 clans de griots, 5 clans maraboutiques et 5 clans d'artisans; et de 2 gouvernements militaires. Sa capitale, siège des institutions, est NIANI.

Son administration est basée sur une confédération d'états tributaires et de provinces dirigées par des gouverneurs liés au pouvoir central.

Son organisation économique, à l'instar de celle de l'empire du Ghana, repose sur une agriculture florissante, des activités de transformation basées sur les forgerons et les tisserands, la production et le grand commerce transsaharien d'or et de cuivre dont TOMBOUCTOU témoigne de la prospérité.

L'empire atteindra son apogée au XIV° siècle sous le règne de KANKAN MOUSSA et entamera son déclin à la mort de MANSA SOULEYMAN en 1360 du fait non seulement des querelles de succession qui l'affaiblissent, mais aussi de la traite négrière. Les historiens affirment que cet empire durera jusqu'au début du XVIII° siècle; soit 500ans de longévité qui forcent le respect.

L'empire du Kongo

Créé au XII° siècle, l'empire du KONGO, couvrait l'ANGOLA, les deux CONGO et le GABON en Afrique Centrale. Il avait environ 2500000 km² au XVI° siècle.

Sur le plan économique il regorgeait d'importantes ressources naturelles et de l'ivoire, ainsi que de l'or et du cuivre et du fer. De nombreux ateliers de transformation du fer étaient installés à la capitale MBANZA KONGO. Ils produisaient des armes et des outillages de production agricole. L'agriculture était florissante et riche en variétés diverses de produits. Le commerce assurait sa prospérité. Sa monnaie était le nzimbu, coquillage venu d'une pêcherie féminine au large de LUANDA, remplacé plus tard par le cauri. Cet instrument d'échange permettait aussi de régler les dépenses publiques. Une administration spécialisée était chargée de la collecte des taxes et des impôts sur les marchandises.

Son organisation administrative reposait sur 4 provinces dont 3 provinces administratives et une province capitale où résidait l'empereur. Le siège des institutions était appelé MBANZA KONGO. Ces quatre provinces formaient une fédération politique. Chaque province avait sept subdivisions. L'originalité du modèle d'organisation du territoire mis en place va surprendre de nombreux étrangers européens, notamment FILIPPO PIGAFETTA. Cette structure confédérale encore copiée par l'occident favorisera son dépeçage par les Européens.

Sur le plan politique, le régime s'apparente à une monarchie constitutionnelle à la tête de laquelle se trouve le MANI. Son cabinet comporte cinq ministres: de la défense, de la justice, du palais, des affaires militaires et de l'art.

La traite négrière qui entraîne un intense dépeuplement, sonne le déclin de cet empire au XVI° siècle. La colonisation qui suivra opérera sa balkanisation à la conférence de Berlin en 1884.

Ainsi disparaît ce grand empire de l'Afrique Centrale qui aura étonné non seulement par son organisation politique et administrative qui influenceront l'Europe, mais aussi par des activités économiques rayonnantes énumérées plus haut et, enfin par sa « *construction monétaire solide* ».

Ce rappel historique de l'Afrique précoloniale donne raison au professeur TCHUNDJANG POUEMI qui affirme que : « en dépit de mille efforts pour faire croire que c'est l'occident qui est venu apporter sa technique à l'Afrique, des témoignages de plus en plus nombreux sont apportés que le choc colonial a plutôt arrêté un processus soutenu de progrès économique qui plonge ses racines dans la nuit des temps… ainsi voudrait-on que l'industrie et le commerce aient été le fruit de la colonisation alors que l'aciérie avait atteint l'Afrique de l'Ouest au cours du premier millénaire, qu'au XIXe siècle, H. BARTH tient pour grandiose ce genre d'industrie qui s'étend dans le Nord jusqu'à Murzuk, Ghat et même Tripoli, à l'ouest non seulement à Tombouctou, mais à un certain degré jusque sur le rivage de l'Atlantique….»

N'en déplaise à NICOLAS SARKOZY et à certains Africains pris d'un accès d'auto-flagellation, l'âge d'or africain a réellement existé. Heinrich BARTH, Allemand né en 1821 et mort en 1865 est le troisième explorateur à avoir atteint et vécu à TOMBOUCTOU en septembre 1853. Sur la base des documents authentiques, il confirme la splendeur de cet empire. Le Président français aurait dû lire ses ouvrages avant de se livrer à des élucubrations; s'en référant vraisemblablement aux contes de RENE CAILLE, premier explorateur français à avoir atteint TOMBOUCTOU le 20 Avril 1828 qu'il décrit comme un petit regroupement sans splendeur.

Le professeur peut se permettre d'ajouter à l'attention des négationnistes que : « une telle organisation était impossible sans une structuration politique de l'espace et un système monétaire au point. L'Afrique précoloniale avait tout cela mieux qu'ailleurs: il est clair que les principales monnaies de l'Afrique de l'Ouest précoloniale fonctionnaient comme des monnaies universelles et avaient les attributs de la monnaie moderne…Il y avait des monnaies spécifiques qui étaient en réalité des monnaies nationales à usage géographique; leur nature variait avec les régions: métal ferreux, barres de cuivre; puis il y avait des monnaies dites universelles à vocation interrégionale: l'or et ensuite le cauri.»

Hélas, le rayonnement et la prospérité économique de l'Afrique seront l'objet d'une destruction systématique et planifiée par l'impitoyable traite négrière qui durera du début du XVIe siècle à la fin du XIXe siècle, plus précisément de 1550 à 1850, soit 300 ans durant lesquels ce continent sera vidé de ses bras valides avant d'être soumis à une colonisation dévastatrice.

LA TRAITE NÉGRIÈRE OU LE GLAS DE LA PROSPÉRITÉ DU CONTINENT AFRICAIN...

Brève Histoire de la traite négrière

Dès 1440, les portugais sont les maîtres de la côte atlantique où ils se livrent au trafic de l'or, de l'ivoire et des esclaves. Les îles d'Arguain, le Cap Vert, le Sénégal, le golfe de Guinée, les Açores, Sao Tome et Principe sont autant de comptoirs qu'ils créent.

L'objectif poursuivi par les navigateurs portugais était commercial : trouver une nouvelle route des Indes où ils pourraient se procurer des épices recherchées dans leur pays. Ils disposaient, pour ce faire, d'une suprématie maritime basée sur la mise au point de nouveaux bateaux: les frégates.

En 1480, le portugais DIEGO CAO est le premier européen à évoquer un grand empire en Afrique Centrale contrôlant le commerce dans la région. En 1483, il remonte le fleuve Kongo et rend visite à l'empereur du Kongo dans sa capitale MBANZA KONGO. Le contact est pacifique et les échanges diplomatiques et commerciaux se nouent et s'intensifient avec le Portugal.

En 1487 BARTHOLOMEU DIAZ se lance dans l'aventure à la recherche de la route des Indes. Il est le premier explorateur à atteindre le Cap de Bonne Espérance en Afrique du Sud et à démontrer qu'on peut atteindre l'Inde en contournant l'Afrique.

Il est suivi en 1492 par CHRISTOPHE COLOMB qui, recherchant une nouvelle route des Indes en navigant vers l'ouest, à travers l'océan atlantique. découvre un nouveau continent: l'Amérique.

En 1498, VASCO DE GAMA poursuit la mission de DIAZ. Il double le cap de Bonne Espérance et atteint CALICUT en Inde.

La découverte de l'Amérique est à l'origine de la tragique traite négrière transatlantique qui débute en 1550. L'énorme besoin en main d'œuvre pour assurer le développement agricole de ce nouveau continent, va accentuer ce commerce de la marchandise humaine, saigner abondamment l'Afrique et la dépouiller de ses bras valides, bien souvent avec la complicité de certains roitelets africains. Des hommes enchaînés dans des cales des bateaux conçus pour en transporter le maximum seront ainsi déportés vers l'Amérique et vers certaines localités appartenant à la France et au Portugal.

Les portugais se distinguèrent dans ce commerce honteux; 3 déportés sur 4 étaient embarqués à partir de l'Afrique Centrale; ils étaient destinés au Brésil (34%) et à l'Amérique espagnol continental (48%).

Lentement, l'offre en esclaves se structure sur les côtes africaines. En 1475 les portugais les achetaient dans le golfe du bénin; puis en 1485, ils les achetèrent au royaume du Congo. On estime qu'à partir de 1530, ce royaume fournissait, en moyenne, 4500 personnes par an qui étaient déportées. A partir du XVII° siècle, l'estuaire du Niger devint un vaste marché d'esclaves. Les plus grands centres de traite sont ceux de la Côte du Vent (Gambie, Guinée), de la Côte des Graines (Sierra Léone, Libéria), de la Côte de l'or (Ghana, Togo), de la Côte des esclaves (Cameroun, Gabon, Benin, Nigeria), de la Côte d'Angola (Congo, Angola).

La demande en esclaves va également se structurer.

La traite des esclaves vers les Amériques ne débute qu'en janvier 1510. A partir de 1550, *la demande espagnole* pour les Amériques décolle.

Le Brésil, devenant le premier fournisseur de sucre en Europe, la *demande portugaise* s'accentue.

Le premier *navire négrier français* part de la Rochelle en 1594 en direction du Gabon.

En 1674, s'opère un virage de la traite négrière. Le commerce triangulaire prend son essor quand les français et anglais disputent aux hollandais le monopole du transport des esclaves de la côte africaine vers les Amériques où 5 îles deviennent la principale zone mondiale d'importation des esclaves. L'arrivée brutale des anglais et français dans ce commerce va accroître la demande d'esclaves sur les côtes africaines. Les prix montent. L'offre massive d'esclaves dans les îles va faire baisser le prix de vente de l'esclave.

L'esclavage pratiqué dans le nouveau monde est à la base de la grande déportation. Les grandes plantations de canne à sucre, de tabac et autres denrées avaient besoin de la main d'œuvre. Il est règlementé en 1680, par un édit du roi LOUIS XIV appelé CODE NOIR. Celui-ci codifie les rapports entre maîtres et esclaves dans les possessions françaises des îles d'Amérique.

La Grande Déportation transatlantique va durer 300 ans. Elle sera abolie en 1850 après avoir vidé l'Afrique de sa force de production. En décembre 2008, DAVID ELLIS, chercheur, évalue à 12.521.336 le nombre de déportés au cours de cette période.

La fin de ce honteux trafic sera le point de départ de la colonisation.

LA COLONISATION ET LA CRÉATION DES EMPIRES COLONIAUX

Survol historique de la création des empires coloniaux

Au XIXe siècle, la colonisation va prendre en Afrique Noire le relais de la traite abolie et favoriser la création des empires coloniaux.

L'EMPIRE FRANÇAIS

La course à la colonisation débute véritablement en 1875 avec SAVORGNAN DE BRAZZA, explorateur français qui va créer l'empire colonial français comprenant: le Congo, le Gabon, la Centrafrique et le Tchad.

Cet officier issu de l'ECOLE NAVALE DE BREST veut explorer le fleuve OGOUE jusqu'à la source afin de démontrer qu'il ne fait qu'un avec le fleuve CONGO. Après avoir obtenu l'aval du gouvernement français, il se lance dans sa mission et, pendant trois ans, il va s'enfoncer dans ce bassin. Il réussira à montrer plutôt que ces deux fleuves étaient différents. Il rentre en France en 1878. Il reprend l'exploration en 1879, atteint le fleuve CONGO en 1880, signe un traité d'amitié avec MAKOKO, le roi des TEKES et le convainc de se placer sous le protectorat de la France. Il ouvre un comptoir français sur le fleuve CONGO qui sera appelé plus tard Brazzaville. Il retourne à nouveau en France pour la ratification du traité et, en 1885, il est nommé Commissaire Général pour le Congo Français.

SAVORGNAN DE BRAZZA est considéré par certains historiens comme l'explorateur qui se sera opposé de toutes ses forces au régime des concessions et à la violence faite aux indigènes. Il en paiera le prix car il sera forcé de se retirer à Alger, puis meurt en 1905 à DAKAR. Il aura jeté les bases de la future Afrique Equatoriale Française incluant le Congo, la Centrafrique, le Tchad et le Gabon dont les vastes terres, environ 650.000km^2, seront en définitive réparties à une quarantaine de compagnies capitalistes.

L'EMPIRE ALLEMAND

L'aventure coloniale Allemande est menée conformément à la doctrine du chancelier OTTO VON BISMARCK contenue dans la formule: *«le marchand doit précéder le soldat»*.

Elle débute effectivement en 1883, par l'ouverture d'un comptoir colonial en Namibie par ADOLF LUDERITZ. BISMARCK, conformément à sa doctrine, proclame le protectorat allemand sur la région.

En 1884, Dr GUSTAV NACHTIGAL implante des comptoirs coloniaux en Afrique Occidentale; un protectorat est signé avec les rois indigènes du KAMERUN. La même année, le TOGOLAND devient également un protectorat allemand.

En 1885, Dr KARL PETERS implante un comptoir colonial en Afrique Orientale, plus précisément au TANGANYKA. L'Allemagne y signe un protectorat.

En 1898, le RUANDA_URUNDI, en Afrique Centrale, est intégré à l'empire allemand.

L'EMPIRE BELGE

Le roi LEOPOLD II de Belgique jette son dévolu sur l'explorateur STANLEY en 1879 pour conduire une expédition sur le fleuve CONGO et lui trouver des terres exploitables. Ce dernier remontera son cours jusqu'à STANLEY POOL. Il découvrira le lac LEOPOLD II et il signera de nombreux traités, par la force du fusil, assurant au monarque la possession de la rive gauche et la création de l'Etat indépendant du CONGO dès 1884. Cet état sera la propriété exclusive du souverain.

La conférence de Berlin

Le 26 février 1885 l'Acte Général de la conférence de BERLIN fixe les règles de la colonisation de l'Afrique et impose le principe de l'effectivité pour reconnaître une annexion.

Après avoir défini les bassins du Congo et du Niger, l'acte établit l'obligation de respecter le libre échange par toutes les parties et définit les conditions à remplir pour l'occupation des côtes.

L'administration coloniale a deux missions principales:

1) favoriser l'implantation des établissements commerciaux dans les régions sous son contrôle,
2) Pousser à la création des grandes exploitations agricoles par un régime de concessions

C'est ce qu'on appelle *« économie de comptoir »*.

Ainsi donc en 1899, de vastes étendues de terre de l'empire colonial français sont cédées à une poignée de sociétés privées à des fins de création des plantations où sont institués les impôts de capitation et le travail forcé.

Jusqu'en 1919, l'Allemagne aura le plus grand empire colonial en Afrique. Elle perdra ses possessions après sa défaite lors de la première guerre mondiale

Les royaumes africains et leurs édifices économiques affaiblis par la traite négrière, opposèrent une faible résistance à la pénétration coloniale et furent détruits.

LE RÉGIME DU PACTE COLONIAL DANS LES COLONIES

A partir du 19° siècle, chaque métropole aura sa doctrine en matière de colonisation, mais les empires coloniaux fonctionneront toutes sous le même régime du pacte colonial. Relisons un extrait du discours de JULES FERRY, premier ministre de la France sous la IIIe république. Celui-ci est prononcé le 28 juillet 1885 devant les députés de l'assemblée nationale : « La première forme de colonisation est celle qui offre un asile et du travail au surcroît de la population des pays pauvres ou de ceux qui renferment une population exubérante. Mais il y a une autre forme de colonisation, celle qui s'adapte aux pays qui ont, ou bien un excédent de capitaux, ou bien un excédent de produits. Les colonies sont pour les pays riches, un placement de capitaux des plus avantageux. Dans la crise que traversent les industries européennes, la fondation d'une colonie, c'est la création d'un débouché. » Le pacte colonial est donc fondé sur l'exclusivité commerciale : la colonie est là pour consommer les produits manufacturés en provenance de la métropole et pour servir de niche de rentabilité pour les excédents de capitaux métropolitains.

Ce pacte assujettit économiquement l'empire colonial à la métropole et instaure une division du travail: la colonie ne peut produire que ce dont la métropole a besoin et ne doit pas produire ce que la métropole produit. L'objectif visé est l'enrichissement du centre qui est la métropole au détriment des périphéries que sont les colonies.

Supprimé par l'ANGLETERRE en 1850, le pacte colonial a toujours cours avec la France grâce aux nombreux accords de coopération imposés à ses anciennes colonies.

Ainsi donc, dès 1875, par l'épée et le goupillon, et par le biais de leurs entreprises, les colons européens ont accaparé les terres africaines et constitué de grands empires produisant des matières premières pour la métropole, grâce aux travaux forcés. Cette situation durera jusqu'en 1960 date de l'accession de la plupart des pays de l'Afrique Noire française à l'indépendance, soit 90 années d'asservissement et d'exploitation intensive.

LA DÉCOLONISATION POLITIQUE DE L'AFRIQUE ET LE MAINTIEN DU STATU QUO

L'éclosion de la conscience nationale en Afrique noire française

Avec la fin de la seconde guerre mondiale, la prise de conscience politique des peuples d'Afrique Noire Française s'opère. Leurs fils ont participé à la libération de la France, dans l'armée française; ils ont perdu leur vie ou ont été faits prisonniers par les allemands. L'Allemagne vaincue, les survivants sont démobilisés. La France entreprend de les ramener en Afrique sans que leur solde soit payé. Ils résistent et sont embarqués contre leur gré pour l'Afrique. Arrivés au Sénégal, ces tirailleurs continuent de revendiquer leur solde arbitrairement retenue. Ils sont méprisés. Le 30 novembre 1944, pour manifester leurs frustrations, ceux du camp THIAROYE, situé à quelques kilomètres de DAKAR, prennent en otage le général DAGNAN. Le 01 décembre 1944, le général BOIBOISEL commandant le bataillon de Saint Louis fait intervenir ses troupes pour libérer son confrère et massacre les mutins. Ceux-ci sont ensuite enterrés dans une fosse commune. Cet épisode de la mémoire collective africaine est repris dans un film de SEMBENE OUSMANE intitulé CAMP THIAROYE, en 1988.

Les peuples d'Afrique Noire Française comprennent alors que leur destin ne pouvait nullement être lié à celui de la France et qu'ils avaient servi de chair à canon. Le retour de ces tirailleurs dans leur pays respectifs, sans hommage particulier ni à leurs compagnons disparus ni aux survivants, participait plutôt d'une opération de «blanchiment» de l'armée française ; il ne fallait surtout pas que le français bon teint sache que sa chère France avait été libérée par les nègres africains.

Le développement du nationalisme

A la fin de la deuxième guerre mondiale, l'Afrique Noire Française accuse un retard économique considérable. Selon l'historien ivoirien Dr Pierre KIPRE, dans son ouvrage intitulé LE CONGRES DE BAMAKO ou la Naissance du RDA, celui s'exprime par : « Sa dépendance vis-à-vis de la métropole, la faiblesse de l'investissement productif, la pauvreté des infrastructures et une économie basée sur la traite. » Les rapports entre colons et colonisés sont franchement mauvais. Ces derniers sont considérés comme des êtres inférieurs par les premiers qui se croient investis d'une mission civilisatrice. La ségrégation raciale est quasi officielle. Les inégalités commerciales sont la norme: les produits d'exportation du colonisé sont vendus moins chers que ceux du colon quelle qu'en soit la qualité. Il ya continuité du travail forcé sous le code de l'indigénat. C'est dans cette atmosphère qu'au 30 janvier 1944, se tient la CONFERENCE AFRICAINE DE BRAZZAVILLE sur l'état de l'empire français.

Celle-ci doit aborder les thèmes suivants :

- La politique indigène ;
- La politique économique ;

- L'organisation politique et administrative de l'empire ;
- La représentation des colonies dans la future constitution française.

L'architecte de ce rassemblement est le Général de Gaulle qui, en visionnaire, sent poindre à l'horizon la nécessaire participation des colonisés « à la gestion de leurs propres affaires. ». Deux mesures vont être appliquées immédiatement. La première institue la liberté syndicale dans les colonies. La seconde y organise les élections législatives. C'est une vie politique organisée qui y prend naissance.

Les colonisés saisissent cette opportunité pour s'organiser en vue des futures revendications. Les syndicats et les associations deviennent des cadres d'expression des frustrations diverses. Plusieurs futurs leaders y apprennent les rudiments de l'analyse politique.

Le colonat s'organise, lui aussi, en associations dont les revendications tournent autour de l'autonomie de chaque colonie qui devait déboucher sur la mise en place d'une organisation administrative locale.

Les premières élections législatives dans les colonies se déroulent en 1945; et, vingt députés venant d'Afrique Noire sont présents à l'ouverture de la première session de l'Assemblée Constituante en France. Ces parlementaires africains sont affiliés à des partis politiques métropolitains, selon leurs intérêts. Mais ils finissent par se rendre compte de la faiblesse due à leurs éparpillements et vont entreprendre de se coaliser et de créer de véritables partis dans leurs pays respectifs et porter les revendications des colonisés au sein du parlement métropolitain. C'est ainsi que naît l'idée du Rassemblement Démocratique Africain (RDA) dont le promoteur est HOUPHOUET BOIGNY.

Le RDA est porté sur les fonds baptismaux à Bamako en octobre 1946, à la suite d'un congrès que raconte avec brio, l'historien ivoirien Pierre KIPRE dans son ouvrage intitulé : « LE CONGRES DE BAMAKO, collection Afrique Contemporaine » de IBRAHIMA BABA KAKE. A ce rassemblement, les délégations venaient de toute l'Afrique noire coloniale. Dans sa constitution, ce mouvement est une fédération des partis politiques nationaux. Son bureau élu est constitué de: HOUPHOUET BOIGNY, député de la côte d'ivoire, Président; MAMADOU KONATE, homme politique soudanais, Vice-président ; FILY D SISSOKO, député du soudan, Secrétaire Général. Son objectif économique se résume alors à : « Augmenter le revenu national de l'Africain pour élever le niveau de vie des populations par la transformation des économies africaines en économies modernes et la liquidation du pacte colonial. ». Son objectif politique, quant à lui, oppose un refus à l'assimilation tout en prônant une certaine communauté avec la France.

Toutefois, le Cameroun est un cas exceptionnel dans la montée du nationalisme en Afrique Noire Française. Dans sa thèse de doctorat en histoire soutenue à la Sorbonne, en France, intitulée « Capitalisme et Nationalisme, études sur les relations franco camerounaises entre 1946 et 1956, publications de la Sorbonne 1998 » le Dr Martin René ATANGANA, Professeur assistant d'histoire à MARIST COLLEGE (Etats Unis) affirme qu'en 1946, « après la deuxième guerre mondiale, le Cameroun qui était un pays sous mandat de la Société des Nations (SDN) passe du régime de mandat à celui de la tutelle. Les accords de tutelle sont signés en 1946, ainsi que la constitution française qui créé l'Union Française à laquelle il est incorporé d'office sans consultation. » Le nationalisme qui s'y développe tire ses origines de la formation d'une bourgeoisie locale qui progresse encouragée par l'administration coloniale. Au Nord du Cameroun, cette dernière avait choisi de composer avec la puissante organisation féodale peuhle qui régnait, pour barrer la route à toute tentative de remise en cause de sa suprématie. Dans la région du Centre, « la spécialisation dans les cultures du cacao avait pour objectif, la naissance d'une classe d'agriculteurs indigènes émancipés, l'embourgeoisement d'un nombre important de camerounais qui constituerait un barrage social sur lequel les français pourraient asseoir leur autorité. » Dans La région du Moungo spécialisée dans les productions d'exportation de la banane et du café, les nationaux bamilékés s'organisent en coopératives, Sociétés Indigènes de Prévoyance (SIP) qui faciliteront l'éclosion d'une classe bourgeoise rurale qui, au lieu de constituer le «barrage social» souhaité par l'administration, permettra de lutter contre les monopoles des colons blancs. Le pays Bassa, en proie à une grande paupérisation, malgré la présence des grandes entreprises coloniales: ALUCAM qui produit de l'Aluminium, ENELCAM, producteur d'électricité, SAFA, le roi de la production du caoutchouc, la SCIERIE VETTER à ESEKA, dans le bois, sera le vivier d' un sous-prolétariat qui fera de lui, plus tard, un des foyers de la lutte violente pour l'indépendance. A Douala, le peuple autochtone est le premier à entrer en contact avec les blancs. Tirant partie de la multiplicité de ses contacts avec les européens, il va s'investir d'abord dans le commerce des esclaves, puis constituera la masse des salariés dans les grandes entreprises commerciales établies, et se reconvertira dans l'agriculture de rente, avant de devenir propriétaire foncier et de vendre ses terres. Les Dualas seront les premiers à entrer dans la fonction publique, faisant naître ainsi une bourgeoisie des fonctionnaires plus encline à coopérer avec l'administration coloniale, mais prompte à défendre ses intérêts. Il y a un afflux d'immigrés dans la ville, attirés par la perspective d'y améliorer leurs sorts. De cette couche sociale naîtra non seulement une bourgeoisie des transporteurs et des commerçants dominant le transport et le commerce, mais aussi un prolétariat urbain important. La bourgeoisie nationale ambitieuse et le prolétariat désabusé vont constituer le terreau sur lequel le nationalisme camerounais va germer, stimulé par un syndicalisme intense. De tous les mouvements syndicaux, l'USCC est le plus important; ce dernier prendra langue avec l'UPC, parti de revendication nationaliste. Le congrès de l'UNICAFRA (Union Camerounaise Française) en avril 1947, demande que l'émancipation du pays soit garantie par la communauté internationale et débouche à terme sur l'indépendance. Les affrontements politiques se font autour du rôle de la France. En 1955, la lutte armée va s'installer menée sous la bannière de l'Union des Populations du Cameroun (UPC) qui milite pour l'indépendance totale et la réunification. Ses bastions sont tout naturellement constitués des pays Bassa, Douala, Moungo et Bamiléké Ce parti politique n'était pas affilié au RDA dont l'orientation politique était jugée pro-française. Son leader UM NYOBE tombera plus tard sous les balles coloniales, dans le maquis. Le Cameroun est le seul pays d'Afrique Noire Française qui acquiert son indépendance par la lutte armée.

L'indépendance politique en Afrique Noire Française et la naissance du néocolonialisme

La décolonisation débute en Afrique Noire française en 1958 avec l'indépendance de la GUINEE. L'année 1960 marque l'accès à la souveraineté politique de la quasi-totalité des pays de cet espace. Les nouveaux Etats s'étaient mis à rêver d'un avenir meilleur. Leurs enfants formés dans les brillantes universités européennes et américaines allaient, pensaient- ils, changer le système existant et leur offrir de meilleures chances de développement. Hélas, Il n'en sera rien! Car, au colonialisme, a succédé, dans la majorité des cas, un néo colonialisme plus violent qui perdure et qui maintient le statu quo. Cette nouvelle forme de colonialisme repose sur les leaders africains choisis par l'ancienne métropole qui leur a confié le soin de veiller sur ses intérêts. Il se caractérise par une soumission servile de ces chefs d'Etat qui se comportent vis-à-vis de l'Hexagone, comme des sous-préfets. Ils l'étaient, dans leur grande majorité: HOUPHOUET BOIGNY en Côte d'Ivoire, SENGHOR au Sénégal, LEON MBA au Gabon remplacé, à sa mort par BONGO, HAMANI DIORI du Niger. Leurs pays faisaient partie de la Communauté Française constitutionnalisée par le Général De Gaulle. Les leaders qui tenteront par la suite de s'affranchir, seront, soit victimes d'un accident d'avion comme Barthélémy BOGANDA, en Centrafrique, soit balayés par un coup d'état déstabilisateur. L'Afrique Noire Française en aura connu 45 en 58 années d'indépendance. Certaines situations sont souvent cocasses comme celle de David DACKO, amené par l'ancienne métropole, à BANGUI la capitale de la République Centrafricaine, dans la soute d'un avion, afin d'y exercer le pouvoir.

Ce rappel historique a été fait pour établir le lien entre le faible développement de l'Afrique noire Française et la conjonction d'éléments néfastes que sont: la déconstruction des empires africains rayonnants, l'impitoyable traite négrière qui la videra de 12 millions de ses bras valides, la colonisation dont la pérennité repose sur un néocolonialisme vicieux entretenu par un pacte colonial savamment mis en place.

Chapitre IV

LES RÉPONSES DE L'AFRIQUE À LA QUESTION DE L'AMÉLIORATION DE SON DÉVELOPPEMENT

« L'opportunité entre dans la vie
sous forme de défaites temporaires. »
(Napoléon Hill)

LES RÉPONSES POLITIQUES

Le rêve du panafricanisme

La décolonisation politique de l'Afrique Noire débute le 6 mars 1957 par l'accession du GHANA à l'indépendance, sous la conduite du Président KWAME NKRUMAH. Elle se poursuit le 02 octobre 1958 avec l'émancipation de la GUINEE sous le leadership du Président SEKOU TOURE qui venait de dire non à la proposition du Général de Gaulle de voir son pays rejoindre l'Union Française.

A partir de 1960, la plupart des pays africains noirs de l'empire colonial français accède à la souveraineté politique.

Les voies d'accès à la liberté sont assez disparates. Pour la GUINEE, c'est la rupture brutale avec la métropole consécutivement à son refus d'adhérer à l'Union Française. Pour le Cameroun c'est la lutte armée avec la France qui l'avait incorporé de force dans cette union alors qu'elle n'était pourtant que mandataire de l'ONU. Pour les autres ce fut une indépendance octroyée. Le monde est alors divisé en deux blocs: capitaliste et communiste dont les idéologies respectives influenceront les débats.

Dès 1957, KWAME NKRUMAH, premier Président du GHANA, est convaincu que la balkanisation de l'Afrique est la cause principale de son faible développement. Il pense que, si ce continent veut améliorer son sort, il faut nécessairement qu'il fasse son unité. Il va expérimenter son idée avec SEKOU TOURE qui partage la même philosophie socialiste que lui. C'est ainsi que l'union GHANA - GUINEE naît en 1958. Appelée UNION DES ETATS AFRICAINS, celle-ci s'élargit au MALI de MODIBO KEITA en 1961. Cette expérience prend fin, malheureusement, en 1962.

Parmi les 31 Etats nouvellement indépendants, 17 sont francophones, 7 anglophones, 4 arabophones et 3 de cultures diverses.

Le débat politique sur l'unité agite l'Afrique La question est de savoir sous quelle forme traduire cette aspiration. Deux groupes vont s'affronter. Celui de MONROVIA, composé en majorité des pays francophones, dont le leader, SEDAR SENGHOR, président du Sénégal, prône une Afrique des Etats. Celui de CASABLANCA regroupant le reste des pays, sous le leadership de KWAME NKRUMAH, président du Ghana, propose le fédéralisme. Les propositions étant mises au vote, c'est sans surprise que la thèse défendue par le groupe de Monrovia triomphera à cause de la supériorité numérique de ses membres dans le club des pays nouvellement indépendants.

C'est ainsi que L'ORGANISATION DE L'UNITE AFRICAINE (OUA), compromis historique entre les deux groupes, est portée sur les fonds baptismaux en 1963 à ADDIS ABEBA Cette organisation deviendra un outil de coopération selon la vision du groupe de Monrovia et non d'intégration comme le souhaitait celui de Casablanca.

Nullement vaincu, le groupe de Casablanca, sachant que de nouveaux pays deviendraient indépendants et entreraient à l'OUA, a continué son travail de recrutement et de sensibilisation à ses thèses panafricanistes. KWAME NKRUMAH produira, à cet égard, un ouvrage, en 1964, fruit de ses réflexions sur le devenir de l'Afrique intitulé L'AFRIQUE DOIT S'UNIR. Dans cet ouvrage, il milite pour la création des Etats Unis d'Afrique, seule condition politique pour accélérer le développement du continent. Le groupe de Monrovia le soupçonne alors de volonté hégémonique personnelle.

Les égoïsmes politiques ont la vie dure en Afrique. Les chefs d'Etats membres du groupe de Monrovia n'acceptaient pas d'abandonner une parcelle de leurs pouvoirs.

Avec l'arrivée de nouveaux pays indépendants, le débat s'amplifie au sein de l'OUA. Jusqu'à sa disparition, la confrontation politique permanente et l'absence de moyens financiers souverains empêchent cette organisation d'être une véritable machine de développement de l'Afrique. En 2002, à DURBAN en Afrique du Sud, l'OUA cède la place à l'UNION AFRICAINE (UA), en application de la déclaration de SYRTE à laquelle KHADAFI, le guide Libyen, avait largement travaillé, traduisant ainsi la volonté de l'Afrique d'avancer résolument vers son unité. Ce leader a les arguments idéologiques et financiers solides pour convaincre ses pairs et effacer le doute des pays occidentaux peu rassurés par ses antécédents terroristes qu'il essayait de gommer en donnant des gages de bonne conduite. Il a compris que cette structure était inféodée aux pays du Nord qui assuraient, à 85%, son financement. Il créé donc le Fonds Monétaire Africain dont le siège est fixé à Yaoundé au Cameroun. Il finance par ailleurs la mise sur orbite d'un satellite pour rendre libre les télécommunications africaines. Le panafricanisme prôné par le groupe de Casablanca, dont le chef d'Etat de la Libye était devenu le champion, triomphe, au grand dam des puissances occidentales qui voyaient d'un mauvais œil la libération économique du continent. Celles-ci décident de mettre un terme à ce rêve. Ce sera chose faite en octobre 2011; le « guide » périra assassiné par une coalition occidentale menée par l'OTAN et instrumentalisée par la France qui avait décidé de le chasser du pouvoir, par tous les moyens, pour faire main basse sur les ressources pétrolières et gazières de son pays. Ce décès n'a pas, pour autant, sonné le glas du panafricanisme qui connait depuis 2013 un nouveau rayonnement. En effet, certains chefs d'état entretiennent le rêve, convaincus qu'il constitue, encore, la réponse la plus adaptée au problème du développement de l'Afrique. Car, pour eux, l'intégration briserait les barrières de la colonisation, permettrait d'avoir un vaste marché potentiel ou réel et unirait toutes les forces africaines, ce qui confèrerait au continent un poids important dans le concert des nations. L'opinion publique africaine, grâce à un travail de sensibilisation de certains média africains, épouse de plus en plus cette cause. A contrario, des pesanteurs persistent encore au sein de l'Union Africaine. Son président de Commission Jean Ping a été incapable d'apporter une solution durable à la crise ivoirienne de 2010 et n'a pas pu empêcher la crise libyenne de 2011. Tous ces déchaînements de violence ont été orchestrés par le Président français SARKHOZY. En Côte d'Ivoire ils ont abouti à la déportation du Président élu, Laurent

GBAGBO, à la HAYE pour y être jugé par la Cour Pénale Internationale. En Lybie, KHADAFI sera assassiné. L'impuissance de l'Union Africaine s'explique par sa dépendance financière vis-à-vis de l'Union Européenne. Un proverbe bantou dit que « la main qui donne est toujours au-dessus de celle qui reçoit. ».

Le chemin de l'Unité de l'Afrique est encore long. Il ne faut surtout pas céder au découragement car la sagesse africaine enseigne que « aussi longue que dure la nuit, le jour finit toujours par se lever. »

Les Etats africains à la recherche d'un système politique déclencheur du développement

Au lendemain de la deuxième guerre mondiale en 1945, le Général De Gaulle donne aux colonies la possibilité de participer aux débats politiques. De nombreux partis et syndicats se créent alors en leur sein. Les débats enflammés, sur fond de rivalités, ont lieu sur la question de l'indépendance. Le multipartisme est le régime politique d'essence capitaliste qui a cours en métropole. Il est considéré comme le symbole de la démocratie et de la liberté. Il devient cependant, une source d'indiscipline, de désordre, de contestations sans fin. Le monopartisme est le régime en cours dans les Républiques Soviétiques Socialistes. Il repose sur le communisme qui ne laisse aucune place à l'indiscipline et à la contestation.

Ayant obtenu leurs indépendances, la majorité des pays du pré-carré français, acquis pourtant au capitalisme, va opter pour le régime du parti unique russe considéré par l'Occident comme totalitaire et dictatorial. C'est ainsi que s'imposent, par exemple, l'UNC au Cameroun, le PDG au Gabon, le PDCI en Côte d'Ivoire. La France, pays des droits de l'homme qui prône la démocratie, tolère cette dérive dictatoriale, pourvu que ses intérêts soient saufs. Elle n'a pas d'état d'âme quand il lui faut réprimer une opposition interne résolument nationaliste et mettre en place des dirigeants à sa solde qui lui font allégeance.

En Novembre 1989, le mur de Berlin qui divisait l'Allemagne en deux républiques, la République Démocratique Allemande (RDA) communiste et la République Fédérale Allemande (RFA) capitaliste, tombe. Pour l'Occident, cette chute consacre la victoire du «monde libre» sur le totalitarisme. L'onde de choc parcourt les possessions françaises en Afrique. Le parti unique en vigueur va céder la place au multipartisme, sous les coups de boutoir des revendications internes souvent sanglantes. La France, ne pouvant pas se désolidariser du vaste mouvement mondial a choisi de persuader ses amis du parti unique d'accepter la restauration de la liberté d'expression naguère confisquée sous de fallacieux prétextes. Cette pirouette lui permettait de rester dans le jeu politique interne de ces Etats. Elle entendait, faisant fi de toute idéologie, se positionner en arbitre entre le pouvoir dont ils choisissaient les tenants et une opposition nationaliste désormais libérée. Aujourd'hui, pendant qu'elle fait chorus avec la Communauté Internationale pour dénoncer l'excessive longévité au pouvoir des dirigeants qu'elle a choisis, elle leur demande, en sous-main, de modifier la constitution pour s'y éterniser. Ce double jeu est machiavélique.

Le régime politique du parti unique n'a pas pu résoudre le problème de la vulnérabilité de nos économies et servir ainsi de déclencheur au développement, même si comme en Côte d'Ivoire on a eu droit à un soit disant «miracle économique». Le multipartisme actuel a aggravé les déséquilibres et précipité la paupérisation et la misère de la population.

On le constate, les modèles venus d'ailleurs n'ont pas servi le développement de l'Afrique. On ne pouvait donc qu'être admiratif face à l'expérience de la JAMAHIRYA libyenne née d'une révolution contre une monarchie. Sa gestion du pouvoir, unique en son genre, aura rendu le pays financièrement riche, l'aura doté des infrastructures incomparables et permis au peuple de bénéficier de tous les avantages que leur conféraient leurs ressources pétrolières à savoir, la gratuité du logement, des soins médicaux, de l'école, du transport etc.. c'est cela le développement, par définition.. Ce modèle devait être détruit par l'Occident afin de faire croire que le sien est unique et que hors de cela rien de sérieux ne peut se faire.

LES RÉPONSES ÉCONOMIQUES

La question du développement de l'Afrique Noire a reçu beaucoup de réponses économiques pas toujours satisfaisantes. Parcourons en quelques-unes.

Le débat sur la priorité à l'Agriculture

Lorsque se sont éteints les lampions de la célébration des indépendances en 1960, les leaders africains, se sont plus préoccupés de la consolidation de leur pouvoir que du développement économique de leurs pays.

En 1962, le célèbre agronome français RENE DUMONT qui avait parcouru la plupart des pays africains francophones subsahariens, lance, dans un contexte de décolonisation optimiste, le premier pavé dans la mare économique, à travers un ouvrage très critique qui fait sensation. Dans cet ouvrage intitulé « L'AFRIQUE NOIRE EST MAL PARTIE » paru aux éditions du SEUIL à PARIS, qui est un brûlot traçant sa vision du développement du continent africain, il demande aux africains de donner la priorité à leur agriculture pour améliorer la suffisance alimentaire, condition nécessaire de leur développement. Il est mal compris par certains leaders et intellectuels manquant cruellement d'humilité. Il est l'objet d'attaques incessantes de ces contradicteurs qui lui font d'inutiles procès en sorcellerie. Ceux-là qui rêvaient pourtant d'industrialisation oubliaient que l'agriculture en est le passage obligé. Certains dirigeants l'avaient compris et fait leurs expériences. D'abord celle d'Ahmadou AHIDJO au Cameroun qui, optant pour l'autosuffisance alimentaire, a entrepris de faire de son pays le grenier de l'Afrique Centrale. On verra plus loin qu'il a réussi son pari. Son successeur va renoncer à donner la priorité à l'agriculture des produits alimentaires de consommation locale. Les déficits de production vont s'aggraver en 2013: 2Millions de tonnes pour le manioc, 100.000tonnes pour le manioc, 378.000tonnes pour le riz, 200.000 tonnes pour le blé, 100.000 tonnes pour l'huile de palme. Ensuite, il y a eu l'expérience d'HOUPHOUET BOIGNY en Côte d'Ivoire. Il a misé sur l'agriculture des produits de rente dont il était un des grands acteurs comme vecteur du développement. Il a connu une certaine réussite à tel point qu'on a évoqué le «miracle ivoirien»; mais il a rendu son économie très vulnérable et dépendante des produits alimentaires importés

Le Plan d'Action de Lagos

En 1980, l'Afrique traverse une grave crise liée à la mise en œuvre des programmes d'ajustement structurel. Cette potion amère et magique des institutions de BRETTON WOODS, sensée améliorer son économie, a débouché sur une importante détérioration de son climat politique et social.

En 1981, les chefs d'Etats, regroupés au sein de l'OUA, mobilisent leurs brillants économistes pour trouver des solutions à cette situation et préserver l'avenir. Leurs travaux débouchent sur le Plan d'Action de Lagos, vaste étude prospective, dont l'ambition est d'amener l'Afrique à rattraper son retard et à s'affirmer dans le nouvel ordre économique international.

Ainsi, il aura fallu attendre une vingtaine d'années après les indépendances pour que les Africains s'approprient le débat économique sur le développement de leur continent. *« Il n'est jamais trop tard.... Petit à petit l'oiseau fait son nid. »* chantait alors langoureusement un artiste sur les berges du WOURI au Cameroun. Et l'Afrique dansait au rythme de cette Salsa endiablée de Douala à Abidjan et de Lagos à Nairobi. Après dix ans d'implémentation, ce plan qui faisait la fierté de l'OUA, dont l'objectif économique était celui de promouvoir l'industrialisation de l'Afrique échouera dans son ambition. Les Ajustements Structurels du Fonds Monétaire International (FMI) et les choix hasardeux des dirigeants africains auront favorisé cet échec.

Le déficit budgétaire et le recours à l'endettement

Pour apporter le bien être à sa population et veiller à l'amélioration de sa valeur, tout gouvernement doit engager des actions pour permettre l'accroissement de la production nationale. Il doit dépenser pour construire les structures nécessaires de transport, de santé, d'eau, scolaires et énergétiques etc.. Les économistes appellent ces réalisations, *investissements*. Par ailleurs, il doit payer une armée de fonctionnaires chargées du *fonctionnement* de ses administrations. A ces charges d'investissement et de fonctionnement, il faut ajouter d'autres dépenses liées. Tout cela constitue *le budget des dépenses*. A titre illustratif, selon la loi de finances 2016 celui du Cameroun se présentait comme suit:

DEPENSES	Montant en millions de francs cfa	
	2015	**2016**
1. Fonctionnement	2 169 900	1 981 100
2. Service de la dette	436 700	727 800
3. Dépenses en capital (investissements)	1 150 000	1 525 800
4. Dépenses totales	3 746 600	4 234 700

Pour couvrir ces dépenses, l'Etat doit se ménager des ressources propres. La principale recette de l'Etat est d'origine fiscale: les impôts et les taxes. Celle-ci devrait s'accroitre au même rythme que la production nationale. Il existe d'autres recettes non fiscales telles que celles du pétrole au Cameroun. Lorsque *les niches fiscales* de l'Etat sont épuisées, on ne peut accroître la recette fiscale que de deux manières: soit en prenant des mesures pour accroître la production, soit en augmentant le taux d'imposition. Toutefois, on ne peut pas accroitre ce dernier de manière illimitée. Pour que la production s'accroisse, l'Etat doit donc encourager le développement des entreprises nationales. En règle générale, l'Etat vit au-dessus de ses moyens. C'est-à-dire que ses recettes propres n'arrivent pas à couvrir ses charges. Il y a donc *un déficit budgétaire*. Celui-ci ne peut être comblé que par *un endettement*. Les pays d'Afrique Noire Française recourent massivement à cet instrument.

Examinons encore le cas du Cameroun.

La loi des finances de 2016 du Cameroun donne le budget de recettes suivant :

Recettes	Montants en millions de francs cfa	
	2015	**2016**
1. Recettes fiscales	2 096 530	2 316 580
2. Autres Recettes	925 953	669 920
3. Emprunts	665 917	1 105 000
4. Dons internationaux	58 200	143 200
5. Recettes totales	3 746 600	4 234 700

Le déficit budgétaire est couvert par de nouveaux emprunts. Ceux-ci accroissent significativement l'en cours de la dette en la faisant passer de 665.917 Millions de francs à 1.105.000 Millions de francs, soit une augmentation de 439 milliards de francs. Par cet exemple, on voit comment nait et se développe l'endettement dans les pays africains. Il traduit la volonté de tout Etat de vivre au-dessus de ses moyens.

Le niveau d'endettement que certains économistes appellent *«vulnérabilité»* se mesure à travers quelques indicateurs. Le tableau suivant donne les taux de vulnérabilité conseillés par deux organismes internationaux : le FMI et le DEBT RELIEF INTERNATIONAL.

Indicateur de Vulnérabilité	**Debt Relief International***	**Fonds Monétaire International****
Service de la dette/revenu	28%-63%	25%-35%
Valeur de la dette/revenu	88%-127%	200%-300%
Intérêts/revenu	4,6%-6,8%	7%-10%
Dettes/PIB	20%-25%	25%-30%
Dettes/revenus	92%-167%	90%-150%
	*Debt Relief International « aspects clés pour l'analyse de la viabilité de la dette » 2007	FMI,département des Relations externes; Fiche technique «indicateurs de vulnérabilité» du 30 avril 2003

(Source: ISSAI 5411 (Normes Internationales des Institutions Supérieures de Contrôle des Finances Publiques), LES INDICATEURS DE LA DETTE)

Ce tableau montre d'abord que ces deux organismes n'ont pas harmonisé les taux de vulnérabilité. Cela fait désordre quand il faut se livrer à une analyse objective.

Notons ensuite qu'en Europe, l'unique indicateur imposé par le critère de convergence est le ratio Dettes/PIB. Dans chaque pays membre, il ne doit pas dépasser 60% du PIB. On observe aussi que ce ratio n'y est pas toujours respecté. C'est ainsi que le taux d'endettement moyen des pays de la zone euro en 2015 est de 86% du PIB, avec une pointe de 171% en Grèce, suivi du Portugal à 134%.

En ce qui concerne les Etats membres du BRICS, on observe que le ratio d'endettement du Brésil en 2015 est de 66,23% de son PÏB. A la même époque celle de l'Afrique du Sud est de 50,1% et celle de l'Inde à 50%.

Selon les statistiques de la Banque Mondiale et du FMI en 2016, le classement de quelques pays d'Afrique Noire

Française selon le ratio d'endettement Dette/PIB, est le suivant :

Pays	**PIB en milliards de USD constants 2016**	**Endettement en % du PIB**
Gambie	0,9	97%
Congo	10	79%
Togo	3	61%
République	0,6	58,5%
Centrafricaine	13	57,3%
Sénégal	13	49,6%
Gabon	4	48,4%
Guinée	12	43,1%
Tchad	7	39,6%
Benin	25	38%
Cameroun	8	35,2%
Mali	28	33%
Côte d'Ivoire	10	32,6%

Au regard de ces chiffres, on peut affirmer que, hormis la Gambie et le Congo, ces pays, sont peu endettés en comparaison avec ceux de la Zone Euro et de certains pays émergents.

En nous servant encore de l'exemple du Cameroun, approfondissons l'analyse en recourant à d'autres indicateurs de vulnérabilité. Constatons que l'en cours de sa dette est de 25x0,38= 9,5 milliards de dollars US, soit environ 5600milliards de francs Cfa.; les autres indicateurs de vulnérabilité sont donc les suivants :

- Service de la dette/ressources propres : 24,4%
- Intérêts/ressources propres : 8,1%
- Dettes/ressources propres: 187,5%

En comparant ces indicateurs à ceux prescrits par le FMI et le Debt Relief International on constate que si les deux premiers respectent les normes fixées, le troisième est par contre au-dessus de la norme fixée par chacune des deux structures. On comprend que le Cameroun doit mobiliser environ deux années de ressources propres pour éteindre ses dettes. Il est à la limite du surendettement : il emprunte actuellement pour rembourser ses engagements internes et externes. Il est donc pris dans le *vortex de l'endettement.* Il faut mettre un frein à cette situation et se résoudre à faire la politique de ses moyens.

HOUPHOUET BOIGNY, Président de la Côte d'Ivoire, affirmait que : *« On ne mettra jamais un pays en prison pour cause de dette.».* Il relativisait, ce faisant, la pression de l'endettement sur son pays. Il était fier des infrastructures qu'elle lui aura permis de créer, qui sont considérées comme les plus développées du pré-carré français.

Passage obligé pour se frayer un chemin vers le développement, la dette doit être judicieusement utilisée à des fins de production et non être détournée pour atterrir dans les comptes personnels logés dans les paradis fiscaux. Le nombre de ministres et de Directeurs Généraux condamnés pour détournement de fonds sous le régime du Président BIYA, au Cameroun, donne le tournis. Les générations futures devront faire face aux engagements inutiles pris par leurs parents alors qu'elles auront leurs préoccupations propres en matière de développement. Le fardeau de la dette risque d'hypothéquer leurs ambitions.

Le recours à l'Aide Publique au Développement

En plus de l'endettement, les pays africains sont devenus également très dépendants de l'Aide Publique au Développement que leur octroient les pays industrialisés. Ces derniers donnent satisfaction aux économistes latino-américains, auteurs de la théorie de la dépendance, qui avaient recommandé cet instrument comme solution pour atténuer la ponction des pays sous-développés. L'aide publique au développement (APD) est un engagement que les Etats coloniaux ont librement pris de consacrer 1à3% de leur production intérieure brute (PIB) pour le financement du développement de leurs anciennes colonies. Celles-ci l'ont alors intégrée comme recette dans leurs budgets respectifs. Elle apparaît, par exemple, dans le budget du Cameroun sous la dénomination *«dons internationaux»*. Le tableau ci-dessous donne la liste de quelques pays africains ayant bénéficié de l'Aide Publique au Développement, et les montants qui leur ont été accordés en 2010: les valeurs qui y sont consignées sont données en millions de dollars USD.

Pays bénéficiaires	Montant APD en 2010
Benin	691,1
Tchad	490,24
Congo	1313,69
Rdc	416,43
Gabon	104,41
Mali	1092,56
Niger	749,29
Togo	421,46

D'après la base de données de la banque mondiale 2012

Hélas, cette aide est orientée par chaque pays donateur, à sa convenance. Voici, à titre illustratif, le cas de la France d'après l'OCDE,politis

Répartition	Orientation
30-40%	Rééchelonnement de dettes
20-25%	Envoi des coopérants pour des projets techniques
15-25%	Projets culturels francophones
5-10%	Financements d'études et de réalisation d'équipements d'infrastructures
3%	Envoie d'officiers français pour la formation des armées nationales
1%	Dons versés directement à l'Etat
1%	Soutien au programme d'ajustement de la banque mondiale

Ces orientations suscitent quelques interrogations :

- Quel est l'impact des coopérants sur le développement?
- En quoi les projets culturels francophones contribuent-ils au développement ?
- En quoi la formation militaire dispensée par les officiers français renforce-t-elle le développement?

Cet exemple et les questionnements qui en découlent, permettent de constater, pour le déplorer, que l'Aide de la France a servi plus à payer les acteurs français dans une opération qui n'a que peu d'impact sur le développement et subsidiairement à éteindre certaines dettes vis-à-vis de la France.

Certaines études montrent une corrélation entre les exportations des pays bénéficiaires et montants de l'Aide Publique au Développement octroyée par la France.

Le tableau suivant donne, par pays, la moyenne des montants de l'APD français par habitant et celle des exportations par habitant entre 1992-1997, en euros

Pays	APD par habitant	Exportation par habitant
Gabon	68	2460
Congo	62	488
Côte d'ivoire	25	258
Mauritanie	23	228
Sénégal	21	105
Cameroun	19	150
Rca	15	50
Tchad	9,5	32,5
Togo	9	59
Niger	8,5	32
Madagascar	8	27
Guinée	8	79,5
Mali	6,5	38,5
Burkina faso	6	51

Source: PNUD 1999, CNUCED

Cette curieuse corrélation permet de se demander si l'Aide Publique au Développement de la France en Afrique ne serait pas en réalité un encouragement à l'exportation des matières premières vers l'ancienne métropole; c'est-à-dire à assurer le maintien du pacte colonial.

Les économistes tenant de la thèse de la dépendance comme RAUL PRESBISCH qui veulent considérer cet instrument comme une juste rétrocession d'une partie des valeurs des ressources dont les pays sous-développés ont été spoliés pendant la colonisation et continuent de l'être aujourd'hui, sont servis. On constate que non seulement elle ne sert pas le développement, mais aussi retourne chez le donateur grâce à des orientations bien ciblées. 1% seulement est sensé atterrir dans les caisses de l'état sous forme de dons au gouvernement. Mais là encore on constate que ce n'est toujours pas le cas; cette partie sert d'instrument pour ancrer durablement le néocolonialisme, car elle est utilisée non seulement pour la corruption de l'élite dirigeante africaine qui accumule par ce biais d'énormes fortunes logées en métropole, mais aussi pour financer les partis politiques français et certains candidats à la Présidence de la République Française par le biais des réseaux que dénonçait François Xavier VERSCHAVE, écrivain français dans ses ouvrages.

Heureusement, cet instrument va aller en s'amenuisant car les pays donateurs sont aujourd'hui confrontés à leurs difficultés propres et rechignent désormais à tendre la main aux pays africains.

L'espoir suscité par le Nouveau Partenariat pour le Développement de l'Afrique

En 2001, après une évaluation sans complaisance, le Plan d'Action de Lagos cède la place au Nouveau Partenariat pour le Développement de l'Afrique (NEPAD). Ce nouveau projet économique est présenté par les Présidents ABDOULAYE WADE du Sénégal et THABO MBEKI de l'Afrique du Sud lors du sommet de l'OUA à ABUJA comme la solution qui permettra à l'Afrique d'améliorer définitivement son sort.

Il s'appuie sur l'axiome suivant: « l'homme est la finalité du développement (développement humain) par son épanouissement et l'amélioration de sa valeur; la croissance, quant à elle, n'est qu'un moyen pour atteindre cette fin. Les déterminants du développement humain sont: la paix, la sécurité, la démocratie et la bonne gouvernance. Les moyens en seront: la promotion et la création des PME, et leurs financements. ».

Il en ressort que l'Afrique ne peut avoir des chances d'améliorer son développement humain que par la satisfaction des trois besoins suivants:

- Le besoin physique, comprenant les infrastructures de base, routes, ports, aéroports, etc.
- Le besoin humain : éducation, santé, nutrition
- La production particulièrement celle de l'agriculture, de la pêche, de l'élevage, de la forêt

Le NEPAD traduit donc la volonté des pays africains de:

1) Prendre en main leur développement par la création de nombreuses PME
2) Ne pas être d'éternels mendiants quémandant sans arrêt l'aide des pays nantis

3) Exiger leur part dans le commerce international, par la saine application de la théorie des avantages comparatifs

Il vise l'appropriation du développement de l'Afrique par les Africains eux-mêmes. Il postule que la PME en constitue le levier le plus important. Quinze années après son lancement, il urge, au sein de l'Union Africaine, de faire l'évaluation de ce projet.

La question d'un Plan Marshall pour l'Afrique

Le Plan d'Action de Lagos avait échoué parce que l'Afrique n'avait pas les ressources financières nécessaires au soutien de son développement. La situation n'a pas évolué aujourd'hui. Certains pensent donc que le NEPAD doit être mis en œuvre comme un plan MARSHALL pour le continent. Cette idée mérite d'être examinée par un retour historique sur cet instrument.

En 1945, l'Europe sort de la guerre entièrement ravagée. Toutes ses infrastructures sont détruites. Il se pose alors le problème du financement de sa reconstruction. Deux solutions sont proposées: celle de MORGENTHAU et celle du Général MARSHALL.

HENRY MORGENTHAU est le secrétaire américain au trésor sous la Présidence de ROOSEVELT. La solution qu'il propose se résume aux actions suivantes:

- Démanteler toutes les industries lourdes allemandes
- Céder certains pans du territoire allemand aux Etats voisins
- Réduire l'Allemagne à un pays agricole

- Faire payer à l'Allemagne les réparations aux pays vainqueurs

Sur le plan financier, ce plan est semblable à celui imposé à l'Allemagne après sa défaite lors de la première guerre mondiale qui s'acheva par le traité de Versailles de 1919: l'Allemagne vaincue devait payer 136 milliards de mark-or à la France et à la Belgique pour leur reconstruction. Constatant que la mise en œuvre de ce volet financier du traité de Versailles avait créé une situation inflationniste et conduit l'Europe à la crise de 1929, puis amené au pouvoir le régime nazi, le plan MORGENTHAU fut rejeté.

MARSHALL propose, pour sa part, que les Etats Unis aident l'Europe pour sa reconstruction par le biais de prêts de développement dont 85% ne serait pas remboursable. Cette opération se ferait par les institutions de BRETTON WOODS créées le 22 juillet 1944. Le mécanisme de cette aide est le suivant: les Etats bénéficiaires du plan reçoivent du matériel et des produits américains qu'ils revendent localement en monnaie nationale. Le produit de leur vente servira à financer la reconstruction; en effet, pour relancer la production, les pays bénéficiaires s'engagent à prêter aux entreprises le double de l'aide reçue, grâce à un effort national de mobilisation de l'épargne. 15% de cette aide enregistrée en prêt sera remboursée en dollars. Les motivations de ce plan sont doubles: commerciales et politiques.

Au niveau commercial, les Etats Unis entendent trouver des marchés supplémentaires pour leurs produits. Au niveau politique, ils veulent relever le niveau de vie des populations européennes afin de faire un barrage au communisme. La proposition de Marshall est adoptée en juin1947.

La première condition de réussite d'un tel plan c'est l'existence d'un tissu d'entreprises nationales capables de transformer ce type d'aide en production, notamment dans les réalisations d'infrastructures. Les pays africains n'ont pas encore un tissu suffisant de ces types d'entreprises nationales.

La deuxième condition, c'est la gouvernance de l'Etat. Ce dernier doit consacrer cette aide exclusivement à son objet et en respecter les clauses. Or, l'expérience actuelle démontre qu'en Afrique, l'aide au développement a tendance à être détournée par l'oligarchie au pouvoir. Ce comportement est de nature à y faire échouer un tel plan

Par ailleurs, l'environnement économique mondial n'encourage plus les pays du Nord réunis au sein du G8, à se lancer dans une telle opération car ils font face, eux aussi, à des difficultés économiques. On peut donc douter de la réussite, d'un plan Marshall en Afrique Noire Française.

Toutefois, il existe un nouveau cadre de coopération Sud-Sud qui s'est créé : le BRICS

L'opportunité offerte par le BRICS

En 2006, en marge de l'Assemblée Générale de l'ONU, une structure de coopération sud-sud dénommée BRIC est créée. Celle-ci regroupe quatre pays: le Brésil, la Russie, l'Inde, la Chine. En 2010, l'Afrique du Sud fait son entrée dans cette association qui devient alors BRICS

Cette organisation de coopération au développement représente aujourd'hui, d'après les statistiques du FMI, 15% du PIB mondial, 30% de croissance mondiale, 42%

de la population mondiale et 16% des échanges commerciaux mondiaux. Ses membres se sont entendus pour coopérer dans les sphères financières et soutenir leurs exportations.

En 2014, le BRICS a franchi une étape décisive en se dotant d'une banque de développement et en formant un pôle de réserve monétaire pour garantir la sécurité économique de ses membres. Cette institution bancaire pourrait s'imposer comme une alternative au FMI.

C'est donc un poids lourd dont le rôle dans le commerce, l'investissement, le financement et la gouvernance est grandissant à l'échelle mondiale. Ses pays membres se sont entendus pour respecter leur souveraineté réciproque et la non-ingérence dans leurs affaires intérieures.

La réussite dans la mise en œuvre du NEPAD est tributaire de la manière dont l'Afrique pourra renforcer ses engagements avec ces pays.

On peut déjà évaluer l'impact actuel de cette organisation sur l'Afrique. En effet les axes d'intervention du BRICS en Afrique sont les suivants:

- le Commerce
- l'Investissement Direct
- l'Aide Publique au Développement.

Sur le plan commercial, les échanges avec les pays du BRICS ont doublé depuis sa création ; toutefois, les pays africains y exportent principalement des produits miniers, des hydrocarbures et d'autres matières premières nécessaires au fonctionnement de leurs industries. La structure du commerce n'a donc pas changé et la division du travail persiste. L'Afrique doit mettre à profit cette coopération sud-sud pour entreprendre une stratégie d'industrialisation basée sur la transformation maximale de ses matières premières pour leur donner de la valeur ajoutée avant leur exportation.

L'investissement direct étranger (IDE) des pays du BRICS en Afrique est très important et s'accroit. Chaque membre développe, à cet égard, sa propre stratégie.

La Chine oriente ses investissements directs vers des domaines qu'elle juge prioritaires pour elle, à savoir: les ressources naturelles, les infrastructures, les industries extractives, l'industrie du raffinage, la banque, les services. L'investissement est mis en œuvre par des grandes entreprises qui appartiennent à l'Etat ou sont sous son contrôle. Les financements des grands projets se font par des prêts de la CHINA EXIM BANK qui utilise une structure de financement appelée «modalité angolaise»: les fonds ne sont pas prêtés directement au pays bénéficiaire. Le gouvernement chinois confie le projet à une entreprise chinoise qui l'exécutera avec le concours de la banque citée ci-dessus. En contrepartie, une société chinoise de ressources naturelles reçoit les droits d'exploitation pétrolière ou minière dans le pays concerné. Le modèle consiste donc à utiliser les matières minières ou pétrolières pour rembourser le prêt. Les interventions chinoises en Afrique se sont densifiées par le biais de ce mécanisme

L'Inde est le pays du BRICS qui a largement diversifié ses domaines d'investissement en Afrique: le secteur pétrolier, l'électricité, le gaz, la chimie, l'automobile, le secteur alimentaire, les services et les technologies de l'information et communication, les mines, les télécommunications, la pharmacie. Ses investissements directs s'étendent aux entreprises de transformation. Ils se font par le biais des entreprises privées indiennes ou par des coentreprises avec les entrepreneurs locaux.

Pour développer son tissu d'entreprises nationales de transformation l'Afrique a intérêt à améliorer son partenariat avec l'Inde qui a des technologies adaptées et qui accepte des joint ventures.

Le Brésil oriente ses investissements directs majoritairement vers les pays lusophones. Ses principaux domaines d'intervention sont: les hydrocarbures et l'agriculture. Ceux-ci sont mis en œuvre, soit par les entreprises privées brésiliennes, soit par des coentreprises. Celles-ci doivent pouvoir intervenir dans plusieurs secteurs

L'Afrique du Sud est le seul pays africain qui développe des investissements intra africains. Elle privilégie les industries extractives, les services bancaires et financiers, les Technologies de l'Information et de la Communication et les petites entreprises manufacturières. Son intervention se fait par les entreprises privées sud-africaines

La Russie a concentré ses investissements directs dans le continent, en Afrique du Sud et au Nigéria. Elle privilégie le pétrole, le nucléaire, le gaz et les mines. Elle agit par le biais des entreprises d'état et privées russes.

En matière d'Aide au Développement, chaque pays du BRICS offre à l'Afrique une panoplie d'interventions.

La Chine est le plus grand pourvoyeur en aide au développement en Afrique. Elle offre un large éventail d'intervention: les dons, les prêts à taux zéro, le prêt à taux préférentiels, les prêts en nature, l'aide pour la réalisation des infrastructures, équipements publics et investissements dans les secteurs productifs et l'assistance technique axée sur la formation. On peut observer que l'aide chinoise est orientée vers les pays africains miniers et producteurs d'hydrocarbures. Toutefois, les pays africains qui le souhaitent, peuvent profiter amplement de ces dispositifs. Des structures ad hoc existent en Chine pour assurer leurs promotions.

L'Inde privilégie l'aide non financière sous forme d'assistance technique, de bourses, d'appui à des projets, de subventions d'exportation aux entreprises indiennes, de lignes de crédit aux gouvernements africains et aux blocs économiques régionaux. Ce pays a énormément diversifié ses interventions africaines. Il a mis en place une structure ad hoc pour la promotion de cette coopération

Le Brésil, en matière d'aide publique au Développement privilégie la coopération technique dans les domaines santé, agriculture, éducation, énergie renouvelable, formation professionnel, environnement. On observe qu'il intervient d'avantage dans les pays lusophones avec lesquels il partage la même langue.

L'Afrique du Sud, en matière d'aide, met l'accent sur son rôle de partenaire au développement. Il privilégie le renforcement des capacités, la reconstruction post conflit et la démocratisation.

On observe que le continent africain n'a pas suffisamment profité des possibilités d'aide au développement que lui offrent les pays du BRICS. Il doit intensifier ses échanges commerciaux avec ces derniers en évitant de tomber dans le piège de la division du travail, c'est-à-dire la production de matières premières et la consommation des produits finis. Il doit insister pour que des industries nationales de transformation soient installées localement.

Tout en s'ouvrant aux investissements directs étrangers (IDE) de ces pays, il doit éviter une domination du capital étranger qui pourrait à terme lui dicter sa loi sur le plan politique. Il lui faudra militer en faveur des co-entreprises dans lesquelles l'Etat disposera de 40% d'actions au minimum.

Il peut, enfin, profiter de l'aide au développement offert par les pays du BRICS dont la gamme est suffisamment large. Il pourrait donner la préférence au modèle d'aide de l'Inde.

Si le BRICS constitue une source d'espoir pour l'Afrique, Il faudrait cependant que cette dernière puisse compter sur ses propres forces, avant tout.

Le développement autocentré

SAMIR AMIN, économiste d'origine égyptienne fait partie de l'école latino-américaine adepte de *la théorie de la dépendance économique* des pays du tiers monde vis-à-vis des anciennes métropoles. Ces économistes soutiennent que le sous-développement est la conséquence des relations inégalitaires entre la métropole et ses colonies relevant d'un processus historique faisant de la métropole le *centre* qui reçoit toutes les matières dont elle a besoin de ses colonies. Elle leur fournit en retour ses produits manufacturés. Ces dernières sont appelées, les *périphéries*. Cette théorie affirme que le centre vit grâce à la périphérie et que ce lien ne peut pas se rompre.

SAMIR AMIN, étudiant alors les voies de sortie de cette situation, arrive à la conclusion qu'il n'en existe qu'une seule pour les pays sous-développés: le *développement auto centré*; c'est-à-dire que ces pays doivent d'abord compter sur eux-mêmes pour leur développement. Ceci ne veut nullement dire que ces pays doivent vivre en autarcie. Ils doivent compter d'avantage sur leurs forces endogènes pour construire leurs économies.

Ce modèle de développement est acceptable, par fierté, par nationalisme. Mais l'Afrique a un retard important à combler vis-à-vis de l'Occident développé. On peut alors légitimement craindre qu'en comptant uniquement sur ses ressources endogènes, l'écart ne se creuse d'avantage. Les grands travaux d'infrastructures, par exemple, nécessitent des moyens financiers importants et des technologies que l'Afrique n'a pas pour l'instant. Il y aurait donc une phase transitoire de recours aux capitaux exogènes en évitant qu'ils soient trop présents dans l'économie et influencent, ce faisant, ses choix politiques.

En conclusion, l'Afrique a essayé au cours de ces 57 dernières années d'améliorer son sort, sans grands succès. La production agricole qui précède l'industrialisation et en constitue le moteur a été orientée vers la culture des produits de rente, en abandonnant les cultures vivrières. Le plan d'action de Lagos sensé conduire ce continent vers l'industrialisation a été un échec. Depuis une vingtaine d'années il a été remplacé par le NEPAD (Nouveau Partenariat pour le Développement de l'Afrique) sur lequel beaucoup d'espoir a été fondé. Malheureusement on n'entend plus parler de cet instrument qu'il faudrait urgemment évaluer après ces années d'implémentation. Alors l'Afrique continue à s'endetter sans retenue, persuadée qu'on ne met pas un pays en prison pour cause de dette, mais oubliant, ce faisant, le poids de son endettement sur ses générations futures. L'aide publique au développement qu'elle considérait comme une part importante de ses ressources s'amenuise. Les pays donateurs font, eux aussi, face à des difficultés économiques. Le rêve d'un plan Marshall pour l'Afrique ne peut pas être à l'ordre du jour. De toutes les manières, l'Afrique est loin de remplir les conditions pour en profiter. Il ne lui reste plus qu'à compter sur elle-même en tirant un avantage du BRICS. Pour son développement, l'Afrique a été pendant toutes ces années un laboratoire d'expériences diverses toujours abandonnées dès qu'apparaissent les premières difficultés de leur implémentation. Le continent noir s'est installé dès lors dans un éternel recommencement. Ces errements perpétuels constituent la seconde cause de son mal développement. Il urge d'évaluer sereinement toutes ces expériences, tout en essayant de tirer partie d'autres réussites, notamment celles des pays asiatiques. Les cas de la Chine et des Tigres et Dragons d'Asie seront analysés plus loin, en épilogue de cet ouvrage. En attendant, sa population constituée majoritairement de jeunes ne peut plus rêver d'un avenir meilleur. Ces derniers désertent alors leurs pays qui ne leur procurent ni infrastructures médicales de bonne qualité, ni habitats décents, ni travail confortable. Telle est la douloureuse réalité.

Pour réussir le développement endogène, l'Afrique devra vaincre l'extraversion des décisions économiques à laquelle elle est confrontée, et se doter de convictions idéologiques fortes.

Vaincre l'extraversion des décisions économiques

Les pays africains infantilisés, se laissent imposer des décisions par l'ancienne métropole dont les officines monopolisent la pensée et leur dictent les actions à entreprendre que ce soit en matière économique ou politique. Ils obtiennent facilement l'adhésion de leurs «élites» peu portées à la contestation ou aux débats. Ces dernières ont pourtant fréquenté de prestigieuses Universités et trônent bien souvent dans les Organisations Financières Internationales devenues de nouveaux viviers dans lesquels sont choisis désormais les nouveaux aspirants à la fonction présidentielle. Leur docilité à l'égard de la France est à la fois surprenante et révoltante. Le 12 Janvier 1994, la dévaluation du franc CFA a été décrétée par l'Hexagone sans requérir leurs avis. Bien que cet acte leur ait rappelé que leur souveraineté économique est confisquée et que, tout compte fait, le développement de leur pays est piloté d'ailleurs, ils se sont murés dans le silence et ont accepté tacitement d'en supporter les conséquences. La facture a été lourde pour leurs économies. Au Cameroun, par exemple, le tissu industriel tenu majoritairement par les nationaux s'est effondré suite au doublement des prix des intrants et à l'amputation brutale du pouvoir d'achat de la population. Il faut mettre fin à cette subordination qui, hier, leur a coûté cher et continue, aujourd'hui, de leur coûter cher.

Se doter de convictions idéologiques fortes

Si l'Afrique peine à trouver la réponse à la question de son développement, c'est en partie parce que beaucoup de ses Etats sont sous l'emprise des idéologies dominantes et manquent de pragmatisme, de patriotisme et de nationalisme. La Côte d'Ivoire et le Cameroun sont deux pays qui ont implémenté des modèles avec des résultats divers.

LE CAS DE LA CÔTE D'IVOIRE

Dans la période allant de l'année 1960 à 1970, la Côte d'Ivoire s'est illustrée par des réalisations prestigieuses d'infrastructures. ABIDJAN, une ville conçue au modèle français et aux rues portant des dénominations françaises a vu le jour sur les bords de la lagune EBRIE. Ces infrastructures voulues et réalisées par le Président HOUPHOUET BOIGNY avaient d'abord un impératif politique: montrer que son choix de rattacher son pays à l'UNION FRANCAISE avait été un bon choix. La jeunesse africaine s'extasiait alors devant ce qu'on appelait *«le miracle ivoirien»*. Toutefois, une voix s'était élevée pour fustiger ce miracle qui n'était selon lui qu'un mirage. SAMIR AMIN, brillant économiste d'origine égyptienne, après avoir étudié le modèle ivoirien, concluait magistralement qu'en Côte d'Ivoire, il y avait, certes, croissance mais pas de développement. Le modèle ivoirien reposait sur une importation de main d'œuvre, de capitaux et d'entreprises étrangères, en délaissant les forces économiques endogènes.

L'économiste recommandait alors l'implémentation du développement auto centré. La Côte d'Ivoire n'a pas adhéré à cette exigence de rupture et a choisi d'entretenir une économie de comptoir dominée par les entreprises étrangères, en majorité françaises. Les entreprises nationales sont délaissées. Dans une étude intitulée: « LE MODELE IVOIRIEN ET LES OBSTACLES A L'EMERGENCE DE LA PMI » Horizon Documentation 1997, Jean Marie CHEVASSU, chercheur à l'ORSTOM, analyse également ce modèle et affirme que celui-ci reposait sur une croissance forte du secteur industriel fondée sur un apport extérieur massif des facteurs de production, le choix du libéralisme et de l'ouverture à l'extérieur, la recherche d'une croissance économique forte, le rôle primordial de l'agriculture, une voie originale entre l'appel aux capitalistes étrangers et la recherche de l'indépendance nationale. Ce modèle embrouillé repose sur l'idéologie capitaliste héritée de la colonisation. La Côte d'Ivoire subordonne son industrialisation à la formation du capital endogène public qui doit se faire par les exportations agricoles. Elle n'incite pas à la formation du capital endogène privé. Pour elle, seul un apport de capitaux privés étrangers peut permettre de dynamiser ce secteur. C'est la raison pour laquelle les dirigeants font appel aux investisseurs étrangers. Dès 1970, l'économie ivoirienne est fortement extravertie et l'interventionnisme de l'Etat s'accroît pour renforcer la participation ivoirienne aux activités productives, sans chercher à résoudre le problème de l'inexistence du capital privé ivoirien. Les dirigeants ont donc fait le choix du capitalisme d'Etat basé sur une omniprésence dans tous les secteurs d'activité. Celui-ci s'explique, selon le Docteur ABEL NDJOMOMON de l'Université d'Aix-en-Provence par : « Un héritage colonial dont ces derniers semblent ne pas vouloir se défaire….. Ce système permet à ceux qui détiennent le pouvoir d'user plus facilement des caisses publiques avec beaucoup de laxisme… Le suivi d'évaluation n'est pas encore ancré dans les modes de gestion des affaires publiques. » (extrait du journal LIBRE AFRIQUE de juillet 2009). Les Ivoiriens comprennent alors que leur chance de survie et d'accumulation du capital privé repose sur leur entrée dans la fonction publique ou dans toute structure de l'Etat où leur sécurité financière est assurée. C'est la raison pour laquelle, ils s'engagent massivement dans la politique qui est la voie royale pour atteindre leur objectif. La Côte d'Ivoire est un pays capitaliste!

LE CAS DU CAMEROUN

Très peu d'études ont été réalisées sur le modèle camerounais. En 1960, le Cameroun est le seul pays francophone subsaharien qui accède à son indépendance au bout d'une guerre de libération. Cela forge des réflexes de fierté. La jeune élite camerounaise formée alors dans les universités européennes ne pouvait donc qu'être sensible au modèle de développement auto centré dont le chantre est SAMIR AMIN. Le président AHMADOU AHIDJO en a tiré sa doctrine économique: le *développement autocentré*

En 1986, les chercheurs, P. DESSOUANE et P. VERRE s'intéressent au modèle camerounais. Ils commettent alors un ouvrage intitulé: «DU DEVELOPPEMENT AUTOCENTRE AU NATIONALISME LIBERALISME Horizon Documentation». Ils y expliquent que le développement autocentré repose sur deux axes: « La recherche de l'autosuffisance alimentaire et la valorisation à long terme des ressources locales comme base d'une accumulation nationale ».

Dès 1970, le Cameroun passe du slogan à la réalité. Contrairement à la Côte d'Ivoire, les autorités prennent des mesures pour rompre avec l'économie de comptoir et promouvoir des hommes d'affaires camerounais. L'objectif est de favoriser l'érection d'un capitalisme endogène. Le Président de la République va s'appuyer sur la bourgeoisie naissante d'affaires bamiléké en échange de leur accalmie politique. Le tissu industriel sera en majorité entre les mains des nationaux. Des structures étatiques de production du riz, du blé, du sucre sont créées. On constatera plus tard qu'elles ont favorisé une bureaucratie bourgeoise. Le Cameroun connaît, cependant, une prospérité indéniable, sous une dictature éclairée. Il va devenir très rapidement le grenier de l'Afrique Centrale

Les autorités camerounaises ont, par la suite, évolué vers le *libéralisme planifié* qu'elles vont implémenter à travers la planification économique. Celle-ci s'inscrit, en réalité, dans la continuité de celle qui avait cours de 1946 à 1956, sous l'administration coloniale. La seule différence résidait dans sa périodicité qui était de cinq ans contre quatre antérieurement. Pour les deux chercheurs français cités plus haut, le libéralisme planifié s'est avéré un étatisme sans stratégie qui, engouffrant les ressources pétrolières dans les intrants importés et en assistance technique étrangère a tourné le dos au développement autocentré. Cette appréciation est sévère. Le fait que les sociétés d'état ont plutôt servi à créer une bourgeoisie compradore et ont constitué un échec ne doit pas cacher un véritable succès économique: le tissu industriel national était réellement entre les mains des opérateurs privés nationaux. Dans son ouvrage intitulé «AU CAMEROUN DE PAUL BIYA, éditions KARTHALA», FANNY PIGEAUD, journaliste français, affirme en 2011 que le développement autocentré a provoqué la mise en œuvre « Des projets de colonisation agricoles, à l'instar de l'opération YABASSI-BAFANG, à l'implantation de 4200 colons dans les villages pionniers...... Avec succès: au début des années 1980, le Cameroun était devenu auto suffisant sur le plan alimentaire et quatrième producteur mondial de cacao. ». Voilà donc deux jugements contradictoires sur les résultats du modèle économique camerounais sous l'ère AHIDJO.

En 1982, après le départ de ce dernier du pouvoir, le FMI découvre que la planification est un modèle socialiste de gestion, alors qu'elle préexistait dans les colonies et qu'elle a encore cours en France. Il prescrit son abandon afin, dit-il, de respecter le libre jeu du marché. Sous ce fallacieux prétexte, son arrière-pensée est la destruction de la solidité économique patiemment bâtie par le dirigeant camerounais. Il condamne, ce faisant, le Cameroun au supplice du rocher de Sisyphe; c'est-à-dire à reprendre sa lutte pour le développement de manière interminable. Le pays est transformé alors en véritable tonneau des Danaïdes percé.

Dans son ouvrage cité plus haut, la journaliste FANNY PIGEAUD raconte comment en 1986, le Cameroun du Président PAUL BIYA subit une crise économique importante due à la conjonction de la chute du prix du pétrole et à la mauvaise gestion interne. Les entreprises publiques sont en faillite. Le président reconnait l'ampleur du désastre devant l'assemblée nationale. Il déclare pourtant, par bravade: « Nous n'irons pas au FMI.». Mais, en fin 1987, il cède et affirme néanmoins: « Avec ou sans le FMI, le Cameroun s'en sortira. ». Après avoir convaincu le peuple affolé que le pays peut se passer du FMI, le voilà qui sollicite et obtient un prêt d'ajustement structurel dont les conditionnalités ne sont pas, par la suite, respectées. La situation des finances s'aggrave et le pays devient un « pays pauvre très endetté. ». La fanfaronnade a des limites.

Les ajustements structurels des années 90 et la dévaluation de 1994 feront perdre au Cameroun son tissu industriel et déchirera son tissu social; ce sera le commencement du déclin qui dure depuis. « Le Cameroun est le pays d'Afrique qui aura connu la plus forte régression. » affirme l'auteure de l'ouvrage cité plus haut.

Les tribulations économiques du Cameroun et de la Côte d'Ivoire démontrent que les pays d'Afrique Noire sont ballotés par des forces extérieures qu'ils n'arrivent pas encore à contenir. Leur développement, synonyme de bien être de leur population et de l'amélioration de leur valeur, est sans cesse repoussé.

Partie II

Les conditions pour la décolonisation économique de l'Afrique noire française

Chapitre V

ROMPRE LE PACTE COLONIAL

« Nulle pierre ne peut être polie sans friction, nul homme ne peut parfaire son expérience sans épreuves. » (Confucius)

Les économistes subordonnent le développement à l'industrialisation. Et, c'est dans cette voie que la plupart des Etats africains nouvellement indépendants s'engagent dès 1960. Chacun d'eux essaye alors de prendre des mesures pour favoriser l'émergence des entreprises nationales, dans le but de contrebalancer la domination des firmes multinationales. En voici deux exemples:

En Côte d'ivoire, dès 1968, le pouvoir politique lance *l'ivoirisation du capital privé.* Celle-ci consiste en la participation de l'état au capital des entreprises étrangères(1970). L'objectif qu'elle se fixe est que dans les dix ou quinze ans suivants, toutes les entreprises travaillant sur le marché ivoirien soient nationales. Cela revenait à terme à la «nationalisation» des entreprises étrangères. Subsidiairement, les dirigeants vont promouvoir *l'ivoirisation du personnel* destinée à favoriser l'émergence des créateurs d'entreprises ivoiriens. Ils sont convaincus que seule l'entreprise privée nationale pourra être un élément déterminant dans la recherche du développement. Ces deux politiques ont échoué à faire émerger les entreprises nationales privées, comme le constate J. M. CHEVASSU cité au précédent chapitre. L'*ivoirisation* du capital des entreprises étrangères n'a pas résolu le problème du manque de capital privé endogène; il a plutôt favorisé le capitalisme d'état qui a permis d'engraisser une minorité bourgeoise de hauts fonctionnaires. Les entrepreneurs nationaux n'ont pas émergé, car, ne devient pas entrepreneur qui veut, mais qui peut. *L'ivoirisation du personnel* n'était sûrement pas le meilleur moyen de créer cette classe d'acteurs économiques. Car, le rêve, le goût du risque, le sacrifice et la persévérance.qui les habitent, ne se décrètent pas.

Au Cameroun, de 1970 à 1980, le développement autocentré cher au Président AHIDJO aura permis d'abord l'accumulation du capital privé endogène qui va être source d'éclosion d'un *tissu d'entreprises d'import-substitution* dont les capitaux étaient entièrement nationaux. Des dispositions sont prises pour les encadrer. C'est la réussite. Toutefois, ces entreprises se révèleront vulnérables aux chocs externes notamment de la dévaluation du franc CFA parce que dépendants des intrants importés. Complétant l'effort de l'accumulation du capital privé, le capitalisme d'état a été déployé dans des secteurs à haute intensité de capital pour essayer de barrer la voie aux multinationales. La synergie du capitalisme privé et celui d'état entendait ainsi devenir un facteur important de développement par l'industrialisation.

A ce jour, en Afrique subsaharienne, le mouvement d'industrialisation endogène demeure faible. Ceci s'explique par la persistance du pacte colonial, une servitude commerciale imposée par la métropole, aux colonies, et qui persiste aujourd'hui malgré les «indépendances».

Le pacte colonial et ses conséquences désastreuses

Durant la colonisation, le rapport de la colonie à la métropole est régi par un ensemble de dispositions commerciales qui les lient de manière exclusive dont les grandes lignes sont les suivantes:

1) Chaque colonie est un *débouché exclusif* pour les produits manufacturés de la métropole
2) Tous les produits du sol et du sous-sol de la colonie doivent être *cédées exclusivement* à la métropole
3) Il est interdit à la colonie de produire des biens manufacturés destinés à concurrencer ceux que la métropole lui vend.
4) Les entreprises implantées dans la colonie sont en priorité des entreprises métropolitaines.

Pour la protection de son marché exclusif, la métropole, implante dans chaque colonie un comptoir de commerce et un corps expéditionnaire chargé de sa défense.

Afin d'y assurer ses droits de préemption sur les ressources du sol et du sous-sol, elle encourage les entreprises métropolitaines à forte intensité de capital à s'y installer afin de se livrer à l'exploitation intensive des grandes plantations agricoles, des forêts et des mines. Les matières exploitées doivent alors être exclusivement exportées vers la métropole pour satisfaire ses besoins. Pour assurer aux produits finis métropolitains le débouché exclusif de la colonie, la métropole empêche que ses entreprises manufacturières ne s'y installent. Puis, elle veille à ce qu'il n'y ait point d'échange entre ses possessions. Cette situation se poursuit de nos jours et explique pourquoi la part du commerce entre pays africains, dans le commerce mondial est si faible; à peine 5%. Leur économie est ainsi fortement *extravertie*

Telles sont les réalités du pacte colonial qui ravale la colonie au rang de *« sous-produit du développement »* selon l'expression du Président NYERERE. Ses conséquences seront lourdes sur le plan humain. En effet, pour mieux exploiter ses possessions africaines, les entreprises métropolitaines ont besoin d'une abondante main d'œuvre. Le colon institue donc les *travaux forcés*. Il s'agit de la réquisition, par la force, des ressources humaines soumises à des conditions de travail abominables. C'est une nouvelle forme d'esclavage locale qui se développe. Elle entraine la migration de nombreux hommes et femmes. Les coûts humains sont très élevés. A titre illustratif, les travaux de la construction du chemin de fer BRAZZAVILLE-POINTE NOIRE qui vont durer de 1921 à 1934 occasionnent 18000 morts. Pourtant ces travaux forcés sont dénoncés en 1929, par les journalistes ALBERT LONDRES et ANDRE GIDE grâce à leurs reportages faits au Congo. Bien que l'opinion publique française en soit choquée, il faudra attendre la loi n° 046-645 du 11 Avril 1946 sur le travail forcé dans les territoires d'outre-mer. Cette loi autrement appelée «loi HOUPHOUET BOIGNY» est adoptée par l'Assemblée Nationale Française et met fin à cet esclavage moderne.

Bien qu'officiellement aboli, le travail forcé va continuer, sous différentes formes, dans certains pays tels que le Gabon, jusqu'à l'indépendance. Les africains libérés peuvent renouer alors avec leur petites exploitations agricoles et le petit commerce.

Plus d'un demi-siècle après leur décolonisation politique, les pays d'Afrique Noire Française n'ont pas mis fin au lien d'exclusivité commerciale avec l'ancienne métropole. Celui-ci persiste sous la forme moderne des *accords de coopération* conçus et mis en place par le Général De Gaulle, à l'aube des indépendances.

La coopération de la France avec ses anciennes colonies n'a pas toujours été bien comprise par l'opinion publique française. Le célèbre éditorial du journaliste RAYMOND CARTIER paru en 1956 dans le journal PARIS MATCH, sous le titre: « LA CORREZE avant LE ZAMBEZE », témoigne de cette confusion. Cet éditorialiste qui avait le sens de la formule, jugeait que la coopération mise en place par le Général de GAULLE dépouillait la métropole au profit de ses colonies. Il y affirmait que: « Le colonialisme a toujours été une charge en même temps qu'un profit, souvent une charge plus qu'un profit. Dans les conditions et sous les servitudes politiques actuelles, c'est plus vrai que jamais. » Ses nombreux adeptes souhaitaient donc le désengagement financier de la France en Afrique *pour mieux s'occuper d'elle même*. Le 10 novembre 1959, lors d'une conférence de presse, en réponse à cette interpellation du cartiérisme bouillonnant, le Général dira que la France apporte son aide au développement des nouveaux Etats en contrepartie de leur soutien à la politique internationale de la France dans le contexte de guerre froide. Il affirmait alors : « Vis-à-vis des peuples qui souhaitent son concours, auxquels elle est attachée et qui, peut-être lui rendront ce qu'elle leur aura prêté, vis-à-vis de ceux-là, la France est disposée à leur fournir l'aide qu'ils souhaiteront….». C'est clair; il y a une arrière- pensée dans la coopération. Elle est un prêt que les peuples qui le sollicitent, s'engagent à rembourser. Mais comment rembourseront-ils ? La loi constitutionnelle du 04 juin 1960 répondra à cette question en consacrant l'instauration de nouveaux rapports franco-africains à caractère bilatéral. La conclusion d'accords et de traités de coopération dans les domaines politiques, militaires, économiques financier, monétaire, judiciaire technique et culturel permettra à la France de conserver une influence majeure sur ses anciennes colonies et de récupérer, sans fin, ce qu'elle leur aura prêté.

Certains de ces Etats «indépendants» se trouvent même obligés de s'acquitter d'une dette coloniale aux origines douteuses. C'est ainsi qu'en 2004, grâce au Président GBAGBO, l'opinion publique ivoirienne découvre, ahurie, que la Côte d'Ivoire loue à grands frais certains bâtiments administratifs tels ceux de la Présidence de la République. Le débat sur la dette coloniale s'ouvre au cours des années 1980 par la question suivante : *entre l'ancienne métropole et ses anciennes colonies qui doit quoi à qui ?* Les réponses se focalisent principalement sur l'aspect budgétaire. C'est ainsi qu'en 1988, Patrick MANNING, ancien premier ministre de TRINIDAD TOBAGO, sur la base de ses calculs, affirme que les recettes fiscales venues d'Afrique ont continué à excéder les dépenses publiques françaises en Afrique. Pour lui, c'est la France qui doit payer une dette coloniale à l'Afrique. Cependant, des auteurs comme Jacques MARSEILLE et Bernard LUGAN se sont livrés également à leurs calculs. En 1993, MARSEILLE, historien français spécialiste d'histoire économique, chiffre à 70 Millions de franc-or, valeur 1993, le déficit global de la colonisation en Afrique, soit l'équivalent de 10 fois l'aide MARSHALL pour la reconstruction de la France. Pour lui, la colonisation de l'Afrique a coûté à la métropole plus qu'elle ne lui a rapporté. LUGAN, enseignant à l'Ecole Militaire St CYR affirme dans son ouvrage « POUR EN FINIR AVEC LA COLONISATION » publié aux éditions du ROCHER que « Les pays colonisateurs n'ont pas pillé l'Afrique et que les colonies étant un boulet économique, la décolonisation était une urgente et impérieuse nécessité. » Mais tous ces calculs financiers ont proprement ignoré les coûts humains du travail forcé légalisé et imposé par le code de l'indigénat et de la spoliation agricole et minière dont l'Afrique Noire Française a été l'objet dans le cadre de la reconstruction de cette France. Assurément c'est la France qui doit à ses anciennes colonies. C'est pourtant elle qui continue de la ponctionner par les accords de coopération léonins qui se sont complexifiés grâce au « génie » de Jacques FOCCART, l'indispensable « Monsieur Afrique » du Gaullisme qui en était l'artisan et qui a accouché de la « *Françafrique* ». Ce néologisme créé par François Xavier VERSCHAAVE, écrivain et économiste français, désigne une vaste collusion entre les intérêts personnels des leaders africains et ceux des dirigeants politiques de la métropole, qui débouche sur la braderie de la souveraineté économique des pays africains indépendants. Les exemples les plus édifiants en sont le GABON et le CONGO.

Le Gabon a eu pour président OMAR BONGO qui l'a dirigé pendant environ quarante-deux ans. Il meurt en 2009 en léguant à sa famille une fortune immense née de l'accaparement d'une grande part de la richesse du pays grâce à des prélèvements de rentes pétrolières importantes, de la constitution de gigantesques patrimoines fonciers et immobiliers logés principalement en France et la création par procuration de nombreuses industries. Avec cette manne, il pouvait se permettre d'influencer le milieu politique français. Il imposait au Président de la République française les hommes ou les femmes de son choix quand il fallait constituer un gouvernement. Ses avoirs, taxés pourtant de biens mal acquis, provoquent aujourd'hui la déchirure au sein de son clan familial dont quelques membres, manipulés par certains profiteurs français s'estimant trahis par son successeur monarchique, ne lui reconnaissent pas la qualité de fils du défunt père. Quelle histoire !

Le Congo est sous la férule de SASSOU NGUESSO qui l'a dirigé de 1979 à 1992, date à laquelle il céda démocratiquement le pouvoir à PASCAL LISSOUBA, avant de le reprendre en 1997, par les armes, au terme d'une guerre civile fomentée par la compagnie française ELF, contre ce dernier. Cette multinationale reprochait à LISSOUBA d'avoir accordé aux Américains un permis de recherche pétrolière Elle avait donc décidé, dans son immense courroux, de châtier l'outrecuidant en le chassant du pouvoir pour réinstaller SASSOU NGUESSO. Pour ce faire, elle avait mis à la disposition de ce dernier, les moyens financiers et la logistique armée nécessaires. Cette guerre civile sera gagnée grâce à l'appui militaire que l'Angola apporta à SASSOU. Elle fera beaucoup de victimes dont certaines froidement assassinées lors de leur débarquement paisible sur une plage congolaise. PASCAL LISSOUBA a perdu la guerre par les bons soins de la France; mais paradoxalement, il est aujourd'hui en exil en France ! Quelle curiosité !

Le bon peuple africain, manipulé en permanence, ne jure pourtant que par ces dirigeants à qui il a confié son destin et qui ne pensent qu'à faire allégeance à la métropole pour conserver leur pouvoir. Dans ses deux ouvrages intitulés : la FRANCAFRIQUE aux éditions stock en 1999 et NOIR SILENCE aux éditions les Arènes en 2000, VERSCHAVE dénonce cette concussion. Ceci lui a valu un procès pour offense à Chefs d'Etats étrangers.

Aujourd'hui, les accords de coopération, instrument du maintien du pacte colonial, servent, d'avantage à préserver les intérêts de la métropole contre la rude concurrence économique d'autres pays partenaires. Et, les partis politiques français, toutes obédiences confondues, à l'exclusion de l'extrême droite qui tient ces instruments pour responsables de la pauvreté en Afrique, souhaitent le statu quo.

Au nom de la coopération, l'Afrique est actuellement le théâtre de nombreuses guerres et coups d'Etat réussis ou avortés. Les efforts des anciennes colonies pour s'assumer pleinement sont ainsi annihilés. Les sociétés multinationales métropolitaines accaparent des pans entiers de leur économie. Ainsi le souhaitait le Général ; c'est ce que n'avait pas compris l'éditorialiste.

LE GATT, L'OMC, L'APE: LE PROLONGEMENT DU PACTE COLONIAL PAR D'AUTRES VOIES

Le 30 octobre 1947, 23 pays du Nord se réunissent à GENEVE pour signer des accords afin de lutter contre les barrières tarifaires et non tarifaires et les discriminations commerciales mises en place par les métropoles pour protéger leurs marchés coloniaux. Ainsi naît le GATT (Accord Général sur les Tarifs Douaniers et pour le Commerce). Il deviendra rapidement un cadre de négociations commerciales multilatérales. Le démantèlement de ces barrières devait se faire en tenant compte des pays africains qui, au regard de leur pauvreté, avaient besoin des droits avantageux pour leurs produits importés au Nord.

Le Système Généralisé des Préférences Commerciales (SGPC) a donc été instauré au sein de cette structure. Mais, le fait qu'il n'ait accordé les préférences qu'aux produits de base bruts miniers et agricoles exportables des pays africains pour alimenter les industries du Nord, au détriment des produits manufacturés par leurs entreprises nationales, démontre suffisamment que les anciennes métropoles n'étaient pas préoccupées par la disparition du Pacte Colonial. Les embryons d'entreprises nationales africaines créées au lendemain des indépendances dont les produits ne pouvaient pas accéder facilement dans le marché du Nord, ont donc été réprimés par les différents rounds de négociation commerciale, du TOKYO ROUND à l'URUGUAY ROUND. Ceux-ci ne servaient qu'à perpétuer l'économie de traite et la division du travail : production des matières premières dans les pays du Sud et celle des produits manufacturés dans les pays du Nord. Il faudrait rappeler que ce sont ces pays industrialisés qui fixent également les prix des matières premières.

Avec la libéralisation totale du commerce mondial, le GATT cède la place, en 1995, à l'ORGANISATION MONDIALE DU COMMERCE (OMC). Le SGPC est aboli. En guise de justification, il est dit que tous les pays sont égaux sur le plan commercial. La création des zones de libre-échange s'intensifie. C'est dans ce climat que l'Europe propose à l'Afrique Noire Française la création d'une zone commune et lui propose de signer avec elle des Accords de Partenariat Economiques (APE). Ceux-ci prônent la réciprocité des privilèges tarifaires dans les échanges entre l'Europe et les Etats africains francophones. Les produits pourront circuler dans cette zone librement sans droits de douane. A priori et sans analyse préalable, on peut se demander pourquoi l'Europe refuse la proposition du CANADA de créer une telle zone avec elle. Sa réticence, au moment même où elle fait feu de tout bois, par le chantage, voire par la corruption des fonctionnaires, pour obtenir l'adhésion des Africains, rend sa proposition suspecte. Il est pourtant indéniable que la signature et la mise en œuvre de ce partenariat vont tuer les entreprises nationales faute de compétitivité. Les économies des pays africains seront déstabilisées. Les accords de partenariat économique que l'Europe propose à l'Afrique sont une invention pour maintenir le pacte colonial. Il aurait mieux valu établir de tels accords entre pays africains. L'Europe veut perpétuer le pillage des ressources et la répression des entreprises nationales africaines.

Le pacte colonial a fait son temps. Pour sa propre survie l'Afrique doit s'en débarrasser en liquidant tous ces instruments qui l'entretiennent et en mettant un terme à la domination capitaliste exogène.

METTRE UN TERME À LA DOMINATION CAPITALISTE EXOGÈNE DANS LES PAYS AFRICAINS

Dans ce contexte de lutte pour la décolonisation économique, les entreprises, en Afrique, doivent être regroupées par nationalité du capital :

1. Celles dont le capital est majoritairement national
2. Celles dont le capital est majoritairement étranger

A titre illustratif, prenons le cas du Cameroun. Si on s'inspire des résultats du recensement général des entreprises pratiqué en 2009, le tableau ci-dessous donne la répartition des unités existantes, des effectifs du personnel (contribution sociale) et des chiffre d'affaires réalisé (contribution économique) dans les deux classes d'entreprises.

Entreprises	%d'unités	%du personnel	%du CA
A capital majoritairement national	97,8	68	33
A capital majoritairement étranger	2,2	32	67

Le nombre d'unités à capital majoritairement étranger est faible: (2,2% du total des entreprises). Leur contribution sociale est relativement modeste: (33% de la main d'œuvre totale) et leur production est forte (67% du chiffre d'affaires total). Par contre, les entreprises à capital majoritairement national sont majoritaires (97,8% d'unités). Elles ont une forte implication sociale parce qu'elles utilisent 67% de la main d'œuvre totale, mais une production modeste (33%) En l'absence de documents de recensement général des entreprises dans d'autres pays africains, on peut présumer que cette répartition est à peu près identique dans leur majorité.

L'Etat est donc partout en Afrique Noire fortement dépendant d'une poignée d'entreprises étrangères qui sont soit des multinationales à qui il a concédé ses entreprises de souveraineté et ses secteurs stratégiques, soit des entreprises qui dominent les secteurs bancaires et financiers, qui n'ont que peu d'impact sur le plan social et citoyen. Il suit en cela une nouvelle théorie qui voudrait que *les investissements directs étrangers* (IDE) en Afrique soient un vecteur incontournable du développement. Or ces IDE se concentrent d'avantage sur les ressources pétrolières et les matières minières et énergétiques et de plus en plus dans les services. Les informations sur ces instruments sont rares. Le tableau suivant donne quelques IDE en pourcentage de PIB de 2007 à 2010 pour certains pays africains en Afrique Centrale. Les valeurs inscrites dans ce tableau sont en milliards de francs cfa

pays	2007	2008	2009	2010
Congo	26,4	22,1	24,6	24,9
Cameroun	17,7	Nd	Nd	Nd
Gabon	25,9	24,4	28,7	25,9
Rca	13,7	16	14,8	14,6
Tchad	18	24,8	33,9	36,8

Source : rapport de réduction de la pauvreté du Congo de 2010-2016 Ministère du Plan

L'implantation des multinationales a tendance à s'accroître au Congo, au Tchad et au Gabon. Cette domination capitaliste provoque toujours l'immixtion de ces mastodontes dans le jeu politique.

Il faut rompre avec cette tendance en favorisant l'émergence de l'entreprise nationale. Celle-ci se définit tout simplement comme une structure de production de biens et de services dont le capital est détenu entièrement ou majoritairement par les nationaux. Elle a des avantages comparatifs importants :

1. La possibilité d'être créée dans tous les secteurs de l'économie et en tout lieu sur le territoire national
2. Une capacité de mobilisation de main d'œuvre importante
3. La production substantielle de la valeur ajoutée
4. Sa souplesse et sa capacité d'implication dans le développement durable de son pays.
5. Son essence patriotique car, alors que la multinationale est là pour exploiter les richesses du pays dans une logique capitaliste froide de prédation et est prête à se délocaliser vers des paradis fiscaux qui lui offriraient des coûts de facteurs plus intéressants, l'entreprise nationale ne se délocalisera pas ou se délocalisera peu. .

La construction de l'indépendance économique doit avoir pour fondation le *nationalisme et le patriotisme économiques*. Ceux-ci doivent imposer :

a) l'instauration par les Etats africains de la règle de la *préférence nationale* dans toute activité économique en leur sein. Celle-ci devra les conduire, d'une part, à donner la priorité aux Entreprises nationales en toute circonstance, afin d'améliorer leur implication sociale, et d'autre part, à leur accorder des régimes fiscaux de faveur. C'est en ce sens qu'il faut féliciter, en Côte d'Ivoire, la constitution des holdings à capitaux nationaux en tant qu'acteurs majeurs de la filière café-cacao et de l'agro-industrie pour défier les multinationales. Ses principaux piliers sont: OCTIDE INDUSTRIE, SIFCOM, GIP, EUROFIND.

b) le devoir de reprendre en main leurs entreprises de souveraineté confisquées par les multinationales avec la complicité des experts du FMI, d'une part, et, d'autre part, de développer une synergie entre le capitalisme d'Etat et le capitalisme privé national pour optimiser leur développement.

c) que les Etats africains soient actionnaires dans toute société privée multinationale qui s'installe chez eux, avec une participation au capital de 40% au minimum car, une forte dépendance vis à vis des capitaux extérieurs qui se mesure par le poids de l'IDE (investissement direct étranger) dans leurs agrégats économiques, les conduira à une aliénation de leur économie et maintiendra la *division du travail.*

LE DÉMANTÈLEMENT DES ACCORDS DE COOPÉRATION

La liquidation du pacte colonial devra se faire aussi par le *démantèlement des accords de coopération.* Cela nécessite *courage et patriotisme*; il convient, en effet, de se souvenir que ceux qui s'avisèrent dans le passé, de s'aventurer dans cette voie, durent affronter les foudres de la métropole.

La GUINEE accède à l'indépendance en 1958 et SEKOU TOURE en devient le premier président à 38 ans. C'est un syndicaliste qui a participé à la création du Parti Démocratique Guinéen, antenne locale du Rassemblement Démocratique Africain (RDA) dont HOUPHOUET BOIGNY est le Président. En 1956, il est député de la Guinée à l'Assemblée Nationale Française et maire de Conakry. Le Général De Gaulle envisage, dans le cadre de la décolonisation de l'Afrique Noire, de créer la Communauté Française. C'est dans ce cadre qu'il se rend à Conakry en 1958 pour défendre son projet devant l'Assemblée Territoriale. L'atmosphère est surchauffée ce jour-là et la population massée le long du trajet qui mène à l'enceinte parlementaire est franchement hostile. Dès l'ouverture de la séance, SEKOU TOURE tient un discours de rupture, dans le fond, dans la forme et dans le ton. Il le conclut par cette adresse au Général : *« nous préférons vivre libre dans la pauvreté que riche dans l'esclavage »*. Ce dernier, choqué et prenant à témoin son administrateur des colonies Bernard CORNUT GENTIL, dira que la France *« n'a plus rien à faire »* en Guinée. Il ordonnera aux français de quitter ce pays avant de le livrer à une furie destructrice. Il lui imposera la politique de la terre brulée. Tous les documents administratifs de la Guinée seront détruits; les immeubles construits par les français seront rasés y compris les écoles! Les coups d'Etat vont se multiplier se soldant par des échecs et en retour par des répressions féroces qui donneront de SEKOU TOURE, l'image d'un dictateur que l'impérialisme français ne se privera pas de véhiculer.

Le TOGO a une histoire qu'on ne peut pas évoquer sans faire un détour sur celle de HAITI, à cause de certaines similitudes. En effet, pour acheter son indépendance, le pays de TOUSSAINT LOUVERTURE et de DESSALINES, ravagé par une guerre de libération, accepta de reverser 150 Millions de francs or, soit 17 milliards d'euros à la France. Il le fit en empruntant auprès de la seule banque française installée dans l'île. Et le remboursement de cette dette coloniale durera environ 200 ans. Le TOGO accède à l'indépendance en 1960. La France lui impose alors le paiement d'une dette coloniale annuelle égale à 40% de son budget; cette dette est semblable à tout point de vue à celle que cette métropole fit signer à son ancienne colonie, HAITI. Le pays n'a pas les moyens de supporter une telle contrainte. Et, pour faire face à cette situation, le Président nouvellement élu, SYLVANIUS OLYMPIO, s'avise de créer sa propre monnaie avec l'accord préalable du Général de Gaulle. Mais au moment de sa mise en circulation, il est tué par un coup d'état orchestré et soutenu par la France. C'est ce coup qui amène le *légionnaire français* GNASSINGBE EYADEMA au pouvoir.

Le MALI est un immense territoire qui accède à la souveraineté politique en 1960. Le Président MODIBO KEITA est un socialiste, au grand dam de la France. Pendant huit ans, il s'attèle à la mise en œuvre de ses options économiques. Il crée alors une monnaie nationale en 1962 et devient l'homme à abattre du Général de Gaulle. Ayant échoué dans la gestion de celle-ci, il accepte malheureusement de retourner dans la zone franc en 1967. La France en profite pour sceller son sort. Et, le 19 novembre 1968, un coup d'état porte le légionnaire MOUSSA TRAORE au pouvoir. MODIBO KEITA meurt empoisonné dans sa prison à KIDAL. En 1991, MOUSSA TRAORE est à son tour renversé par AMADOU TOUMANI TOURE dit ATT. Après six années de stabilité, il restitue le pouvoir aux civils. ALPHA OUMAR KONARE devient donc le Président élu en

1997. En 2002, à l'issue de l'élection présidentielle, AMADOU TOUMANI TOURE revient au pouvoir; en 2012, il arrive au terme de son mandat et s'apprête à quitter le fauteuil présidentiel. La rébellion séparatiste touareg jusque-là contenue par des négociations souterraines déclenche les hostilités au pouvoir. C'est sur ces entrefaites que SANOGO exécute un nouveau coup d'état qui le porte pouvoir. On s'interroge encore sur les raisons et l'opportunité de ce coup alors que le président ATT était en fin de mandat. La rébellion saisit cette opportunité pour marcher sur BAMAKO. L'armée malienne est très faible et ne peut pas résister. La France met en œuvre sa diplomatie. Elle obtient de l'ONU l'autorisation de s'interposer. L'opération SERVAL est ainsi déclenchée en 2013. Sous la pression, SANOGO est obligé de quitter le fauteuil présidentiel et IBRAHIM BOUBAKAR KEITA est élu comme nouveau président de la république. La France prend les commandes de la guerre au Nord. Elle est épaulée par l'armée Tchadienne dont la combativité dans les conditions désertiques est reconnue L'armée nationale malienne quant à elle est interdite de présence sur le théâtre des opérations. Le Mali est coupé provisoirement en deux et il pèse sur lui des menaces réelles de partition à laquelle la France n'est pas étrangère. Soit il lui laisse le contrôle du Nord qui regorge de ressources minières et énergétiques dont l'uranium, en contrepartie de son unité, soit sa partition sera consommée et on verra naître un nouvel état qui sera créé avec la complicité de cette même France. Tels sont les dessous de l'opération SERVAL. Lorsqu'il s'agit de préserver ses intérêts, la métropole n'a que faire du dogme de *l'intangibilité des frontières héritées de la colonisation* si cher à l'Union Africaine.

LE TCHAD accède à la souveraineté en 1960, sous la présidence de François TOMBALBAYE qui fait immédiatement face à une rébellion du Nord musulman. Cette partie est très peu développée par rapport au Sud et cette disparité économique entretient des tensions politiques. Incapable de mettre un terme à cette rébellion par ses moyens propres, le pouvoir central sollicite les troupes françaises en 1968 pour l'aider à la mâter. Un coup d'état militaire met fin au rêve de TOMBALBAYE en 1975. Le colonel MALLOUM accède alors au pouvoir. Le Tchad est adossé dans sa partie nord à la LYBIE de MOUAMAR KHADAFI. Celui-ci soutient fermement la rébellion depuis 1966 et caresse un projet secret de fusion avec le TCHAD en cas de victoire de celle-ci. Il offre sa médiation entre la rébellion et le pouvoir en posant comme conditions, le départ des militaires français appelés par TOMBALBAYE et la rupture des relations diplomatiques entre le Tchad et Israël. Le Président MALLOUM refuse la première condition. En 1976, la LYBIE occupe la bande d'AOUZOU au Tchad et s'en déclare propriétaire. Elle apporte un soutien sans faille à la faction de la rébellion dirigée par GOUKOUNI OUEDDEI qui lui a fait allégeance et adhère à son projet de fusion. L'autre faction est dirigée par HISSENE HABRE. Elle est hostile à la fusion. Elle va s'allier avec MALLOUM. Cette alliance aboutira à la formation d'un gouvernement d'union nationale dont HISSENE HABRE est le premier ministre. La cohabitation est difficile entre les deux hommes et débouche vite sur un conflit ouvert à NDJAMENA sous l'œil impassible des forces françaises. La France avait déjà choisi son camp. En 1979, MALLOUM jette l'éponge et il est remplacé par KAMOUGUE dont HISSENE HABRE devient le ministre de la défense. Ce nouveau gouvernement sera également un échec. En juin 1983, HISSENE HABRE prend le pouvoir à NDJAMENA. C'est à ce moment que la France qui était restée insensible aux sollicitations de TOMBALBAYE et de MALLOUM entre en action à la demande de HISSENE HABRE, pour le protéger des forces libyennes et de GOUKOUNI qui marchent sur NDJAMENA. L'opération MANTA est ainsi lancée. Celle-ci mène alors à la partition du pays. Entretemps, KHADAFI convoitant la Présidence de l'OUA, lâche son protégé GOUKOUNI. Ceci permet à HISSENE HABRE de remporter la victoire sur la faction dirigée par son rival et de réunifier, ce faisant, le Tchad.

Cet Etat, comme tous ceux du pré-carré, est lié à la France par des accords de défense qui font obligation à celle-ci d'intervenir militairement, à la demande d'un gouvernement légitime, pour assurer sa protection, en cas de menace par des troupes étrangères. La France a refusé de répondre favorablement aux appels de TOMBALBAYE et MALLOUM, faisant une entorse à ces accords. La raison en est le Pétrole. En effet, les premières recherches pétrolières au Tchad datent de 1962 au Nord, par une compagnie française qui en avait découvert des indices et s'était refusé à en informer le pouvoir. En 1969, TOMBALBAYE avait accordé un permis de recherche à la compagnie américaine CONOCO contre la volonté de la France. Les américains ont trouvé le pétrole dans la région du Sud. Une quinzaine d'années plus tard, la France n'avait toujours pas oublié ce camouflet. C'est la raison pour laquelle elle boudera les appels successifs des deux présidents originaires de la région du Sud et favorisera l'accession au pouvoir d'un originaire du Nord qui lui était inféodé.

Le BURKINA FASO est la nouvelle appellation de la Haute Volta depuis 1983. Ce pays est indépendant en 1960. Son existence est jalonnée de 6 coups d'état successifs; d'abord en 1966 avec LAMIZANA, puis en 1980 avec SAYED ZERBO. En 1982 ce sera le tour de JB OUEDRAOGO, relayé en 1983 par Thomas SANKARA, abattu en 1987 par Blaise COMPAORE qui est chassé du pouvoir en 2015 par Gilbert DIENDERE. C'est un pays excessivement pauvre et sans âme qui semble se nourrir de coups d'état. La révolution de SANKARA rêvait d'en finir avec cette instabilité dont il avait identifié les causes. A sa prise de pouvoir, il a immédiatement changé la dénomination du pays en BURKINA FASO; ce qui signifie *pays des hommes intègres*. Par cet acte, il marque sa volonté de rupture. Sa devise c'est « la victoire ou la mort, nous vaincrons. ». Il conscientise la population sur le développement endogène et promeut le *« consommer burkinabé »*. Il veut débarrasser son pays des influences coloniales et rêve d'une Afrique unie. Ce contestataire de l'ordre économique mondial et grand chantre du panafricanisme a le verbe simple et percutant. Son discours à l'ONU en 1984 en est une illustration. Il s'y élève contre ces *« mêmes trafiquants politiques et les mêmes exploiteurs économiques »* et y dénonce les multiples maux dont souffre son Afrique: la corruption, le mépris occidental, la condition des femmes africaines etc. Il devient la voix « *du grand peuple des déshérités, ceux qui appartiennent à ce monde qu'on a malicieusement baptisé tiers monde »*. Ses discours enflammés embarrassent au plus haut point l'ancienne puissance coloniale dont le Président est FRANCOIS MITERRAND. Ce dernier, socialiste, était pourtant mieux placé que quiconque pour s'accommoder du positionnement idéologique du jeune et bouillant président burkinabé. Mais, il n'y a pas de contradiction fondamentale entre le socialisme et le colonialisme, au pays de DE GAULLE. En Occident, au nom de la raison d'état il n'y a pas de place pour les sentiments. « *La raison est hellène* » disait SENGHOR l'un des chantres de la négritude. Et l'Afrique l'apprendra à ses dépends. Il fallait que se taisent les hennissements de cet étalon fougueux et impétueux. MITERRAND ordonnera donc froidement de l'abattre et confiera la sale besogne à HOUPHOUET BOIGNY, le président de Côte d'Ivoire. Ce dernier mandatera à son tour BLAISE COMPAORE pour l'exécution du contrat. Le coup d'état de 1987 sera imparable. SANKARA l'avait prophétisé en disant à peu près ceci : *« si un coup d'état est fait contre moi par Blaise, il ne me ratera pas, car il me connaît très bien...»*.

La COTE D'IVOIRE accède à la souveraineté politique en 1960. Son Président HOUPHOUET BOIGNY est un fervent défenseur de la Communauté Française si chère au Général DE GAULLE. Il va diriger le pays sous un régime de parti unique dictatorial approuvé par la France Mais une rébellion clandestine est en marche contre ce pouvoir. Elle est animée par un certain Laurent GBAGBO, professeur d'histoire. Quand le Président de la République rend l'âme en décembre 1993, une guerre de succession se déclenche entre KONAN BEDIE, Président de l'Assemblée Nationale et ALLASSANE OUATTARA, Premier ministre. Ce dernier conteste au premier la succession que lui confère la constitution. Grâce à l'appui d'une armée restée légaliste, KONAN BEDIE remporte le combat.

En décembre 1999, un coup d'état porte au pouvoir ROBERT GUEI. Il organise les élections présidentielles d'octobre 2000 qui, contre toute attente, seront remportées par Laurent GBAGBO. Le nouveau président s'attèle à l'émancipation de son pays du giron français et des forces exogènes qui plombent son économie. En 2001, il s'attaque aux multinationales du chocolat. SACO, filiale ivoirienne du groupe suisse BARRY CAILLEBAUT dont le PDG est l'ivoirien SEYDOU ELIMANE DIARRA subit un redressement fiscal de 400 milliards de francs Cfa correspondant aux fraudes sur ses déclarations d'exportation de fèves pendant une dizaine d'année. En réaction le nouveau gouvernement va subir une campagne de dénigrement portant sur l'utilisation des enfants dans les plantations de cacao. Ce déchaînement médiatique, commandité par la multinationale suisse, manque de peu de l'emporter. La tentative de coup d'état de novembre 2004 sera l'aboutissement de la guerre déclenchée contre le régime de GBAGBO, non seulement par les chocolatiers, mais aussi par la France. Cette dernière était inquiète de l'effritement de ses privilèges au profit de nouveaux partenaires tels que la CHINE. En effet, en toute transparence, le marché du troisième pont sur la lagune d'Abidjan avait été adjugé à des opérateurs économiques chinois. La France, mécontente, ne ménagera dès lors aucun effort pour chasser le Président du pouvoir. Elle va soutenir de manière claire la rébellion d'ALLASSANE OUATARA qui a promis de « rendre le pays ingouvernable » et de faire tomber le pouvoir en place « comme un fruit mûr ». Le président ivoirien oppose une résistance farouche aux nombreuses tentatives de déstabilisation. Celle de septembre 2002, échoue et se mue en rébellion qui se replie dans la partie Nord de la Côte d'Ivoire. Le pays est, à partir de cet évènement, coupé en deux par la France. Elle a refusé de voler au secours de GBAGBO qui sollicitait pourtant son intervention au nom des accords de défense. Elle a justifié son attitude par le fait que l'agression n'était pas d'origine externe; alors que les rebelles venaient en majorité du BURKINA FASO. Les médiations se mettent en place pour essayer de trouver une solution à ce conflit. Elles sont d'abord africaines avec le Président du Sénégal Abdoulaye WADE, en 2002, suivies en 2003, par celle du Président togolais EYADEMA. La France met fin brutalement à ces expériences en convoquant les parties au conflit à Marcoussis pour un autre round de négociation qu'elle va présider du 15 au 26 février 2003. Seuls les partis politiques y sont invités. C'est la raison pour laquelle la rébellion s'organise et crée deux partis pour être représentée à ce concert dont l'orchestre distille déjà des fausses notes. En incorporant ces derniers à cette négociation, la France augmente le nombre de musiciens pour accroître la cacophonie et se donner la chance de mettre le Président de la Côte d'Ivoire en minorité et de le dépouiller de ses pouvoirs. L'ancien colonisateur impose un gouvernement d'union nationale dont les rebelles sont membres. Le premier ministre désigné s'appelle SEYDOU DIARRA, le fameux PDG de SACO, filiale ivoirienne du groupe suisse BARRY. Il est doté de tous les pouvoirs. Le président de la Côte d'Ivoire en est réduit, d'après le schéma de Marcoussis à inaugurer les chrysanthèmes. La France, soutenue par la « Communauté Internationale » veut obtenir la mise sous tutelle de la Côte d'Ivoire. Une pluie des résolutions du Conseil de Sécurité, allant dans ce sens, s'abat alors sur la Côte d'Ivoire. Mais, le Président GBAGBO résiste, avec succès, à toutes ces tentatives. Pour ce faire, en légaliste, il s'appuie habilement sur la constitution dont il maîtrise les rouages. Par ailleurs, il a le soutien d'une population, surtout d'une jeunesse majoritairement acquise à sa cause. La communauté internationale convaincue qu'elle ne peut pas mettre le pays sous tutelle, change de stratégie. Elle pousse désormais à l'organisation des élections présidentielles, au terme du deuxième mandat. Il faudra impérativement que le Président sortant perde, coûte que coûte, cette consultation à laquelle son champion, ALLASSANE OUATTARA va participer en vertu des Accords de Prétoria. Blaise COMPAORE, le Président de la République du BURKINA FASO est mis à contribution pour convaincre GBAGBO d'organiser ces élections avec ou sans le désarmement effectif des rebelles. Une nouvelle médiation s'ouvre donc à OUAGADOUGOU. Le Chef d'Etat burkinabé réussit sa mission qui s'achève avec la signature des Accords de OUAGADOUGOU en Mars 2007. GBAGBO accepte d'organiser ces consultations sans désarmement préalable des rebelles, en violation de la constitution. Les coups récurrents de cette communauté internationale ont eu certainement raison de sa ténacité. Celle-ci est satisfaite, car son ambition est celle de se servir de ces élections pour évincer ce pestiféré du pouvoir. L'ONU met donc en place sa machine à fraude pour les élections de 2010. Elle désigne Monsieur CHOI, représentant son Secrétaire Général en Côte d'Ivoire, comme certificateur du résultat et charge l'ONUCI de la logistique et du transport des urnes dans les régions du Nord. La Commission Electorale Indépendante chargée du dépouillement des votes est constituée, en majorité, d'éléments favorables à OUATTARA. Mais, la Cour Constitutionnelle chargée de la proclamation des résultats est le verrou sur lequel le Président GBAGBO peut compter pour redresser les irrégularités éventuelles de la Commission Electorale. Les élections présidentielles se déroulent les 31 octobre et 28 novembre 2010. Le décompte des voix au sein de la Commission Electorale est émaillé d'incidents. Son Président annonce le résultat des décomptes à partir de l'Hôtel du Golfe à ABIDJAN où la plupart des rebelles et contestataires du régime de GBAGBO sont réfugiés avec OUATTARA. La Cour Constitutionnelle, après avoir redressé les irrégularités du scrutin, proclame GBAGBO vainqueur. Le plan de la Communauté Internationale se met en route. Monsieur CHOI, le certificateur, donne le Président sortant perdant. Mais il n'a pas un pouvoir constitutionnel de proclamation de résultats. La contestation électorale est donc déclenchée. C'est dans cette ambiance que GBAGBO prête serment et est installé comme Président nouvellement élu. Un gouvernement parallèle est installé à l'Hôtel du Golfe à Abidjan Dans le bras de fer qui s'engage, la rébellion armée marche sur ABIDJAN avec un certain SORO Guillaume à sa tête, faisant de nombreux morts. La France quant à elle entreprend d'asphyxier le pays. Elle décrète alors la fermeture de toutes les banques et met en place un blocus économique. Le Président nouvellement investi réagit en décidant de faire ouvrir les banques de force. Celles-ci vont fonctionner de manière autonome. Puis, il s'engage sur la voie de la création d'une monnaie ivoirienne. La France ne voulant pas que cette résistance serve d'exemples aux autres pays de son empire, décide donc d'appuyer l'offensive de la rébellion pour renverser le pouvoir. C'est elle qui, bombarde de manière intensive la résidence présidentielle et lance l'ultime assaut pour déloger le Président élu, avant de le faire prisonnier. C'est un coup d'état d'un genre nouveau. Il est perpétré par l'ancienne métropole avec l'accord de la communauté internationale. Pour donner l'assaut à la résidence présidentielle, la France utilise ses propres forces armées.et sa logistique C'est l'œuvre de SARKHOZY, ce président français pour qui *« l'Afrique n'est pas suffisamment entrée dans l'histoire »*.

LE GABON accède à la souveraineté politique en 1960 LEON MBA en est le premier Président. Compte tenu de son âge avancé, la France lui adjoint un Vice-Président en la personne de BONGO Albert Bernard. Monsieur MBA est francophile et milite pour la communauté française de 1958. Il n'exercera pas le pouvoir pendant longtemps car il meurt en 1967. Monsieur BONGO prend alors les rênes du pays. Jusqu'à sa mort, en 2009, il sera le fervent animateur de la *françafrique*. L'homme est capable de faire et de défaire les hommes politiques de l'Hexagone grâce à une manne financière importante que lui procurent d'énormes commissions sur les ventes de pétrole! Il s'est entouré, pendant l'exercice de son pouvoir, de sa famille: André MBA OBAME considéré, à tort ou à raison, comme son fils naturel, Jean PING qui est son gendre et Ali BONGO qui est son fils légitime. Le premier est ministre de l'intérieur, le deuxième est ministre des affaires étrangères puis Président de la Commission de l'OUA et le dernier sera nommé ministre de la défense. Tous les trois sont nourris à la mamelle *françafricaine* et sont des soutiens inconditionnels de la France. Ils sont tous comptables de la pauvreté et des malheurs du gabonais! A la mort de Monsieur BONGO, les élections présidentielles sont organisées en 2009 et donnent lieu à une bataille familiale entre MBA OBAME et ALI BONGO. Ce dernier est proclamé vainqueur par la France alors qu'il serait arrivé selon les déclarations officielles françaises en troisième position. SARKHOZY aurait, en cette occasion, fait son choix: c'est Ali BONGO qui devait gagner ces élections, en récompense au sérieux coup de pouce financier que le père lui avait donné et qui lui avait permis de remporter les élections françaises. C'était un juste retour du balancier! Prenant en exemple le Président Equato-guinéen qui est entrain de doter son pays d'infrastructures moderne, grâce à la manne pétrolière découverte dans ses eaux territoriales, le jeune leader gabonais comprend alors qu'il pourrait en faire autant pour son pays qui possède également des réserves importantes d'or noir. Il tourne progressivement le dos à la politique de prédation pratiquée naguère par son père. La société française TOTAL est la première victime de cette volte-face. Elle écope d'un redressement fiscal d'environ 500 milliards de francs Cfa. D'autres sociétés notamment celles du secteur de la télécommunication sont également frappées. PARIS n'apprécie pas les actions de ce blanc bec. Sa tête est mise à prix. Mais, il va falloir attendre patiemment la fin de son mandat pour l'évincer « démocratiquement ». Une campagne médiatique d'une rare violence, faite de calomnies mensongères sur sa filiation et ses origines nigérianes est lancée, en préparation de l'échéance fatidique. L'homme du scandale s'appelle Pierre PEAN, un journaliste français qui commet un livre dans lequel il tend à confirmer l'origine nigériane d'ALI BONGO. Certains politiciens en manque d'inspiration s'engouffrent dans cette brèche et jugent de manière sentencieuse qu'au regard de la constitution, celui-ci ne peut donc pas exercer la fonction présidentielle. Un certain Franco-libanais plus royaliste que le roi affirme à travers les média qu'Ali BONGO est « un monstre » qu'il a créé et qu'il faut détruire. Tous réclament en chœur l'invalidation de la candidature de BONGO. La France a un nouveau joker, Jean PING. Elle veut à tout prix le porter au pouvoir. Elle demande aux ténors de l'opposition de se rallier à lui, afin de lui donner les chances de succès dans cette élection à un seul tour. La candidature de BONGO n'est malheureusement pas invalidée et les protagonistes entrent en campagne dans un climat très tendu. Finalement BONGO Ali est déclaré vainqueur du scrutin par le ministère de l'intérieur et la Cour Constitutionnelle. Le Gabon s'embrase. Le contentieux postélectoral s'installe dans la violence après que Jean PING se soit autoproclamé vainqueur ! La France habituée à ce type de scénario compte déloger BONGO comme elle l'avait fait pour GBAGBO en Côte d'Ivoire. Elle échoue lamentablement après avoir fait intervenir l'Union Européenne pour dénoncer les irrégularités de ce scrutin. La françafrique vient d'essuyer un cinglant camouflet au Gabon grâce à la résurgence d'un patriotisme qu'on n'attendait pas.

Aujourd'hui, les dirigeants africains qui préfèrent, pour leurs pays, « la liberté dans la pauvreté à la richesse dans l'esclavage », selon la formule empruntée au Président guinéen SEKOU TOURE, sont peu nombreux. Les rapports de force conduisent actuellement leur grande majorité à se comporter comme des sous-préfets au service d'une administration centrale qui est la métropole. Ils sont anesthésiés par la peur de perdre soit leur vie, soit le pouvoir et les privilèges qui lui sont liés. Mais demain, les nouveaux leaders finiront par comprendre que pour bâtir une Afrique où les habitants seront heureux, ils doivent se sacrifier. Car, le temps est venu pour qu'elle parle d'égal à égal avec l'ancienne métropole et qu'elle cesse d'être le déversoir des surplus financiers de l'Occident et le débouché captif pour leurs excédents de production. En réexaminant froidement ses relations, elle pourra dynamiser son industrialisation tout en se rappelant ces propos du Général De Gaulle : « Les Etats n'ont pas d'amis ils n'ont que des intérêts. ».

Chapitre VI

FACILITER LA CRÉATION DES ENTREPRISES NATIONALES

« Il n'est pas de vent favorable
pour celui qui ne sait pas où il va. »
(Sénèque)

A l'aube des indépendances en 1960, certains économistes du Nord ont convaincu les pays d'Afrique Noire française que leur industrialisation ne pouvait se faire que par le biais des multinationales qui, selon eux, sont des industries « à effet d'entraînement ». Les leaders africains ont donc fait confiance à ces mastodontes. Et, des années plus tard, ils ont constaté qu'elles ont fini par confisquer les terres, paupériser les populations et pillé les ressources. Certains d'entre eux se sont alors posé la question de la nécessité d'un développement endogène et ont compris qu'elle est la clé de voûte de l'amélioration du bien-être social. Ceux-ci constataient que seules les entreprises nationales pouvaient l'assurer. Ils ont alors pris des dispositions pour faciliter leur création. Cette initiative va cependant se retrouver en butte à certaines interpellations sur des questions de la vision et de la doctrine, du choix entre la planification et la libéralisation, du manque de capital privé, de l'encadrement des entreprises nationales et de la politique nationale de ces entreprises.

La question de la vision et de la doctrine

L'Afrique doit entrer en guerre contre le pacte colonial qui l'empêche de créer et de développer ses entreprises nationales, seuls gages du recouvrement de sa souveraineté économique. D'après le Général chinois SUN TZU, une des conditions pour sortir victorieux d'une guerre, c'est d'avoir une vision et une doctrine. La vision c'est ce rêve éveillé qui habite chaque leader et qui est le moteur de ses actions: savoir où il va! La doctrine c'est l'ensemble d'enseignements qui soutient les croyances et les convictions; et qui conditionnent l'esprit du combattant en vue du succès. Dans son ouvrage intitulé: L'ART DE LA GUERRE, SUN TZU affirme que « La doctrine fait naître l'unité de pensée; elle nous inspire une même manière de vivre et de mourir, et nous rend intrépides et inébranlables dans les malheurs ». Il n'y a pas d'unité de pensée en Afrique Noire Française tiraillée par les doctrines venues d'ailleurs. Et même si elle rêve d'un avenir meilleur, elle a pris tardivement conscience de ce que seule l'industrialisation peut lui permettre une accélération de son développement. Ce réveil s'est traduit d'abord par la confection du plan d'action de Lagos de 1980 élaboré par l'OUA. Celui-ci avait échoué, non seulement par manque de ressources financières pour sa mise en œuvre, mais aussi parce que la plupart des leaders n'avait pas compris que si l'indépendance politique est le prélude à la souveraineté économique, cette dernière est obligatoirement l'instrument de parachèvement du premier. L'industrialisation a été conçue et implémentée en épousant la vision coloniale d'hier, sans réflexion approfondie. Beaucoup de leaders africains se sont laissé enfermer dans des choix idéologiques en vigueur entre les dogmes du capitalisme pur et ceux du communisme ou socialisme. Ce faisant, ils ont contribué à maintenir le continent dans le pacte colonial. D'autres, par contre, peu nombreux, ont essayé d'implémenter leur propre vision et leur propre doctrine avec des résultats contrastés. En voici trois exemples édifiants: la Côte d'Ivoire, le Cameroun et la Guinée

La Côte d'Ivoire: dans la continuité du capitalisme colonial et dans la logique de la confiscation de la richesse par une poignée d'hommes

En 1960, la Côte d'Ivoire s'attaque au problème de son industrialisation. Elle constate, alors, qu'elle n'a pas de capitaux endogènes nécessaires qui permettraient de le résoudre. Elle choisit alors d'attirer les capitaux étrangers par le maintien du libéralisme pur en vigueur sous la colonisation. Ce choix va permettre un afflux d'investisseurs étrangers, majoritairement français, particulièrement attirés par le secteur agricole d'exportation et le commerce. Les autorités ivoiriennes pensent, à ce moment, qu'une accumulation du capital endogène se produira grâce à l'exportation agricole. Le capital ainsi accumulé pourra servir ultérieurement à la création des industries nationales.

La mise en œuvre de cette doctrine provoque d'emblée une croissance soutenue qu'on présente alors comme un miracle. Mais à bien observer, celle-ci ne profite qu'aux étrangers. Les capitaux français dominent le secteur agro-industriel; tandis que les libanais s'accaparent du secteur de la petite et moyenne entreprise. Ces derniers ont su passer de l'intermédiation dans la collecte agricole, au commerce, puis à l'immobilier et enfin à la petite et moyenne industrie. Mais, les ivoiriens sont délaissés. Ils n'ont été ni impliquées, ni pris en compte dans la vision de leurs dirigeants; et l'amélioration de leur sort dépend des étrangers favorisés. Ils sont infantilisés. L'industrialisation qui aurait dû être un instrument pour parachever la libération politique, a servi plutôt à embrigader d'avantage la Côte d'ivoire dans le pacte colonial. Dans son ouvrage intitulé «PETITS PATRONS AFRICAINS, entre l'assistance et le marché, éditions KHARTALA, 2000» Y.FAURE, enseignant à l'Ecole Nationale des Statistiques à Abidjan, montre qu'aujourd'hui, la situation n'a pas fondamentalement changé. La bourgeoisie des fonctionnaires créée par le Président HOUPHOUET BOIGNY, en tant que classe moyenne, s'est accaparé des capitaux publics. Elle a précipité la majeure partie de la population dans la pauvreté et essaie de faire une entrée tonitruante dans les affaires. L'auteur appelle cette pratique : « recyclage des capitaux politico- financiers ».

Avec une idéologie capitaliste libérale et dure et une vision de domination en Afrique de l'Ouest, la Côte d'Ivoire n'a pas réussi à améliorer ni le bien être de sa population, au regard de son indice de développement humain faible qui est de 0,46 en 2014, ni la valeur de ses ressources humaines, quand on se réfère au taux de chômage officiel qui est de 5,3%. Le fossé social se creuse entre la classe moyenne et celle des pauvres. La paix est menacée et les entreprises nationales privées, en petit nombre, se développent peu. Le pacte colonial s'est donc renforcé par le choix idéologique des dirigeants ivoiriens.

La Guinée : du socialisme au libéralisme ou le choix du pragmatisme économique

Dès 1959, la Guinée fait face à la politique de la terre brûlée décrétée par le Général de Gaulle. Celle-ci met à mal son administration qu'il faut reconstruire de toutes pièces. L'opposition de SEKOU TOURE au projet d'entrée le la Guinée dans la communauté française en création par le chef d'état français est la cause de la rupture. Subsidiairement, le président Guinéen est un ancien syndicaliste acquis à l'idéologie socialiste; cela suffit à le marginaliser et à traiter son pays de «communiste» dans un monde divisé en deux blocs. Le pouvoir est en proie à des tentatives de déstabilisation récurrentes. L'idéologie socialiste devient alors un instrument de mobilisation des masses populaires pour la défense de la souveraineté du pays et sa libération totale du joug colonial. Préoccupé par la défense de son pouvoir, le Président SEKOU TOURE s'attèle peu à l'économie. Cependant, il créé sa monnaie dont la gestion balbutiante ne lui facilitera pas la tâche. Son économie fragile n'est arrimée qu'au commerce et à l'agriculture pratiqués par les nationaux. Opprimé par l'Occident capitaliste, il est obligé d'implémenter le développement endogène. Même si le sort de ses concitoyens ne s'améliore pas significativement, en comparaison de celui du peuple ivoirien dirigé par HOUPHOUET BOIGNY, le Président n'a pas d'autre choix. Il joue sa survie politique et préfère la liberté dans la pauvreté à la richesse dans l'esclavage. Après son décès en 1984, les nouveaux dirigeants vont s'atteler à l'économie; ils réaménagent la monnaie et mettent en place une structure bancaire nationale pour la gérer et pour la mettre au service de l'économie. Cette dernière est libéralisée et s'ouvre au capitalisme. La situation économique s'améliore et les résultats sont remarquables

Du socialisme au libéralisme pragmatique, ainsi se résume le chemin parcouru par la Guinée qui s'est affranchie du pacte colonial grâce à sa souveraineté monétaire.

Le Cameroun: dans la logique du compromis entre le libéralisme, le socialisme et le nationalisme économique

Le Parti Communiste Chinois donne l'exemple de sa capacité de flexibilité et de compromis avec le capitalisme privé lorsque ses intérêts sont en jeu.. L'expérience camerounaise de la flexibilité idéologique est aussi significative. En 1960, la première république du Cameroun, sous l'impulsion du Président AHIDJO, opte pour le DEVELOPPEMENT AUTOCENTRE et le LIBERALISME PLANIFIE. Le développement auto centré est la solution proposée par SAMIR AMIN, économiste égyptien, pour rompre la dépendance des pays sous développés vis-à-vis des anciennes métropoles. Le libéralisme est une doctrine capitaliste prônant l'ouverture du marché à tous pour une saine compétition. La planification est un instrument de gestion économique critiquée par le capitalisme qui préfère laisser jouer les lois du marché. Le syncrétisme doctrinal du Président entrainera l'intervention de l'Etat dans plusieurs secteurs, le développement du nationalisme économique et l'épanouissement des forces productives endogènes très entreprenantes. Son implémentation entraînera également un certain nombre de mesures fortes qui permettent au Cameroun, durant la période de 1960 à 1982, de connaître un progrès important dans son développement et de quitter le statut de pays sous développé.

La deuxième république naît en 1982 dans un environnement de crise économique mondiale. Celle-ci frappe de plein fouet le pays. Il est soumis aux plans d'ajustement structurels du FMI. Le tissu industriel se contracte et la production baisse. La fin de l'âge d'or de l'entreprise nationale se dessine. Le nouveau Président PAUL BIYA est un produit de l'Ecole Nationale de la France d'Outre Mer. C'est suffisant pour qu'on le crédite d'une bonne capacité à conduire le bateau Camerounais dans la tempête. Il produit un livre qui traduit sa vision économique, intitulé: « POUR LE LIBERALISME COMMUNAUTAIRE» (éditions Pierre Marcel FAVRE 1986); cette profession de foi s'articule autour des points suivants :

1. La planification démocratique ;
2. La priorité à l'agriculture ;
3. Le soutien aux petites et moyennes entreprises ;
4. La maîtrise de la science et de la technologie ;
5. L'indépendance de l'économie nationale « basée sur l'encouragement à la constitution d'une épargne nationale devant déboucher sur des investissements locaux et la création d'entreprises camerounaises ».

Il n'a donc pas tourné le dos à la doctrine économique du LIBERALISME, mais il a abandonné le développement auto centré de son prédécesseur. Et la cinquième résolution énoncée ci-dessus démontre sa volonté d'indépendance économique par l'entreprise nationale.

Malheureusement, l'Etat n'a pas la force de résister aux plans d'ajustement structurel du FMI; cette organisation lui impose une économie résolument libérale adossée sur la loi du marché, entraînant la révision des mesures prises sous l'ère de son prédécesseur. Le libéralisme communautaire prôné par le nouveau chef d'état est alors envoyé aux orties. Et les ajustements structurels font le reste! C'est la descente aux enfers: le Cameroun redevient un pays pauvre très endetté (PPTE)

La rupture du pacte colonial par la promotion des entreprises nationales a été un succès au Cameroun sous la première république. Mais la dévaluation du franc cfa de 1995 a mis fin à cette euphorie en rappelant que l'absence de souveraineté monétaire est le plus grand handicap au développement endogène.

Ces exemples démontrent que les Etats d'Afrique Noire Française doivent se forger, chacun, une vision et une idéologie dont la pertinence devra être évaluée par les indicateurs suivants :

1. Le bien être de la population mesuré par l'indice de développement humain ;
2. l'amélioration de la valeur des ressources humaines mesurée par le taux de chômage ;
3. La paix sociale mesurée par le nombre de conflits sur une période ;
4. Le développement endogène basé sur les entreprises nationales : mesuré par le capital des entreprises nationales.

Appliquons quelques éléments de cette grille aux trois exemples présentés:

IDH	2011	2014
Cote d'Ivoire	0,40	0,46
Cameroun	0,48	0,51
Guinée	0,34	0,41

Sources: PERSPECTIVES MONDE

Taux de chômage officiel	2013
Côte d'Ivoire	5,3%
Cameroun	4%
Guinée	1,7%

Sources : TRADING ECONOMICS

La Guinée a le meilleur gain en indice de développement entre 2011 et 2014. Elle rattrape son retard par rapport aux deux autres pays. De surcroît, elle a le plus faible taux de chômage officiel

LA QUESTION DES PLANS D'INDUSTRIALISATION

Savoir où on va et pourquoi on y va, conduit inexorablement à définir comment y arriver ; C'est le plan. ANDREW SHONFIELD dans son ouvrage : «LE CAPITALISME D'AUJOURD'HUI» est formel : « La planification économique est l'expression la plus caractéristique du nouveau capitalisme. Elle traduit la détermination de conduire les évènements économiques plutôt que d'être conduit par eux. ». Pierre MASSE ajoute que : « Le plan en général, est un réducteur d'incertitudes.». Pourtant, quand il s'agit de l'Afrique, les Experts du FMI et ceux de la Banque Mondiale sont très dogmatiques sur le sujet. Pour eux, la planification est d'essence socialiste. Il faut laisser jouer les lois du marché Il s'agit là assurément d'une fausse querelle. Pourquoi? Nous relevons que la planification a été utilisée en France dès 1946 dans le cadre de la reconstruction du pays après la guerre. Il y a eu d'abord 4 plans quadriennaux appliqués également dans les colonies françaises: 1946-1949, 1950-1953, 1954-1957, 1958-1961. Ensuite, considérant que la durée du plan était courte, la France est passée à une périodicité quinquennale à partir du cinquième plan. Ce dernier se limitait au départ aux secteurs nationaux de l'économie. Puis, progressivement, seront pris en compte les aspects régionaux et sociaux qui trouvent leur aboutissement en 1982 avec les «contrats de plan Etat/Région. On est actuellement au quatorzième plan en France qui est pourtant un pays capitaliste. L'Economie a beau ne pas être une science exacte, la théorie économique ne doit pas être à géographie variable! On ne le dira jamais assez: seul le résultat permet d'apprécier la qualité des moyens. On a vu, plus haut, comment le démantèlement de la planification par le FMI a créé beaucoup de torts à l'économie camerounaise.

Le plan d'industrialisation destiné à faire de la Côte d'Ivoire un pays émergent en 2020 est consigné dans le manuel intitulé «LA NOUVELLE POLITIQUE INDUSTRIELLE DE LA REPUBLIQUE DE COTE D'IVOIRE». Ce document élaboré en 2012 démarre par un diagnostic de son secteur industriel et débouche sur une prospective qui renoue avec les plans abandonnés naguère. C'est ainsi qu'examinant les différentes périodes de son histoire post coloniale, il relève que de 1960 à 1980 le miracle ivoirien s'est maintenu grâce à un code d'investissement avec des exonérations fiscales, des conventions d'établissement, d'une part, et par un régime de réinvestissement et des institutions dont l'objectif était de financer le développement industriel et d'exportation, d'autre part. Il relève qu'à partir de 1980, plusieurs plans vont se succéder, dans un climat socio-politico économique délétère. Le plan quinquennal de 1981 à 1985 basée sur la recherche de la maximisation de la valeur ajoutée va échouer à cause des plans d'ajustement structurels. Le Schéma Directeur de Développement industriel, ne fut jamais exécuté faute de financement. Le second plan d'industrialisation 1985/1993 restera aussi lettre morte. Le PND conçu pour mener le pays à l'émergence à l'horizon 2020 permet à la Côte d'Ivoire de renouer avec la planification abandonnée et démontre que le pays entend être le maître d'ouvrage et l'architecte de son projet de développement, même si on peut douter du diagnostic porté sur le miracle ivoirien.

Au Cameroun, le DOCUMENT DE STRATEGIE POUR LA CROISSANCE ET L'EMPLOI (DSCE) élaboré en 2009, donne une vision prospective du Cameroun à l'horizon 2035, année à laquelle il sera potentiellement émergent. Ce document ne s'appuie sur aucune évaluation préalable du passé comme en Côte d'Ivoire et en fait tout simplement une projection statistique banale. On constate, à sa lecture, que la croissance repose sur la maîtrise d'un certain nombre d'éléments sectoriels: l'eau et l'énergie, les bâtiments et travaux publics et la modernisation de l'appareil de production touchant le secteur primaire (secteur rural, production agricole et animales,), le secteur secondaire (exploitation minière, l'artisanat, les industries dont l'agro industrie, les industries extractives et métallurgiques). Le Gouvernement camerounais a ainsi choisi une ample diversification sectorielle de ses actions pour atteindre son objectif d'émergence en 2035.

Un plan d'industrialisation a donc sa raison d'être car, il traduit la volonté de l'Etat de maîtriser son destin. L'économiste Arthur William LEWIS, prix Nobel d'économie en 1979 recommande l'utilisation de cet instrument dans les économies en développement. Les choix stratégiques, quant à eux, peuvent être discutés. Par exemple, le fait de donner la priorité aux exportations notamment des cultures de rente (café, cacao, anacarde, etc.) comme éléments essentiels de la stratégie d'industrialisation en Côte d'Ivoire, soulève des interrogations. Ce modèle est contrarié par l'instabilité des prix des produits d'exportation et par la détérioration des termes de l'échange. Quant à la stratégie camerounaise qui s'appuie sur une diversification sectorielle équilibrée: c'est le *big push* si cher à l'économiste RODENSTEIN-RODAN. Ce modèle nécessite d'énormes moyens financiers que le Cameroun n'a pas.

Le plan est la traduction d'une démarche choisie pour atteindre un résultat dans un temps déterminé. Il n'a de valeur que si on dispose d'une structure qui en contrôle l'exécution. Aujourd'hui les pays d'Afrique Noire Française qui ont adopté la planification se sont dotés d'un tel instrument dont il faut surveiller l'efficacité.

LA QUESTION DE LA TECHNOLOGIE

La technologie c'est le savoir faire, mélange de créativité et de sciences, qui vient, à postériori, expliquer une invention. La recherche appliquée sert justement à passer de la théorie scientifique à son utilisation pratique. Les centres de recherche appliquée sont quasi inexistants en Afrique Noire Française. Il ya pourtant une prolifération d'écoles dispensant des connaissances théoriques de qualité.

Pour leur développement, les pays africains ont besoin d'infrastructures dont les réalisations programmées nécessitent des technologies de plus en plus sophistiquées que leurs entreprises nationales n'ont pas. Le recours aux entreprises étrangères est donc incontournable. Dans ces conditions, le risque auquel les Etats sont exposés, c'est l'intrusion de ces multinationales dans leur jeu politique. Pour le minimiser, Il faudrait que le recours aux entreprises extérieures se fasse dans le cadre de coentreprises, c'est-à-dire un partenariat où l'Etat détiendra au minimum 40% du capital pour faire entendre sa voix. Ceci lui permettrait d'imposer non seulement l'utilisation des entreprises nationales comme sous traitants, mais aussi celle de ses ingénieurs qui auront ainsi l'occasion de maîtriser les technologies utilisées.

LA QUESTION DE L'ÉMERGENCE D'UN CAPITALISME PRIVÉ ENDOGÈNE

La création d'une entreprise nécessite un capital. Celui-ci peut être constitué par des personnes qui acceptent de prendre le risque de mettre ensemble leurs épargnes en vue d'obtenir des gains plus tard. En Afrique, 80% du parc d'entreprises formelles est constituée d'entreprises individuelles; dans lequel le capital est détenu, souvent en totalité, par une seule personne. Naturellement une telle entreprise court des risques de gouvernance et son développement ne peut se faire que lentement. Pour aller plus vite, le recours à d'autres actionnaires est nécessaire. Mais, en Afrique Noire, l'association est souvent perçue comme source future des mésententes. Comment susciter alors le capital endogène?

Dans son ouvrage «KAPITAL», KARL MARX apporte une réponse à cette question en mettant en lumière le rôle historique de l'Etat: Il dit: « A l'origine de la production capitaliste, quelques unes des industries exigeaient un minimum de capital qui ne se trouvait pas entre les mains des particuliers. C'est ce qui rendit nécessaire les subsides d'Etat accordés aux chefs d'entreprises privées, comme en France, du temps de Colbert….». l'Etat français, sous Colbert a donc participé à la capitalisation des industries

L'expérience du Cameroun, dans ce domaine, peut être convoquée ici. Avant l'indépendance, l'économie camerounaise est dominée par le grand commerce d'exportation entretenu par les comptoirs coloniaux localisés à Douala et par les industries capitalistes dans les secteurs de la métallurgie de l'aluminium, de l'énergie d'électrique, du caoutchouc et du bois, toutes implantées dans la région bassa. Les nationaux opèrent dans l'agriculture notamment dans la production du café et de la banane dans le Mungo, du cacao dans la région du Centre, le commerce de distribution et le transport à Douala. « Les planteurs qui voulaient des quotas d'exportation plus élevés, les commerçants qui n'arrivaient pas à obtenir des autorisations pour le commerce d'import-export, les entrepreneurs urbains en puissance auxquels les banques refusaient des prêts, constituaient, dans la société camerounaise, une couche capitaliste, en formation, qui convergeait vers celle des fonctionnaires, ces derniers étant eux-mêmes de plus en plus en conflit avec l'administration française. » Ainsi s'exprime Dr Martin René ATANGANA dans sa thèse intitulée «Capitalisme et Nationalisme, études sur les relations franco camerounaises entre 1946 et 1956». Après l'indépendance, le Président AHIDJO a compris qu'il fallait favoriser l'ascension des opérateurs économiques appartenant notamment au secteur commercial en les faisant passer de la petite distribution à l'import-export. Ceci leur permettrait de dégager des *plus values* plus importantes. Il leur attribue donc de manière sélective des *licences d'importation*. La «Banque Centrale», sollicitée par ces moyens de paiement, est obligée de mettre à la disposition de leurs détenteurs les devises nécessaires pour faire leurs importations. Par ce biais, l'Etat leur octroyait de manière indirecte les financements que leur refusaient les banques coloniales. Cette mesure permettra la création, ex nihilo, d'une classe d'hommes d'affaires camerounais. Et, pendant des années, les «plus values» accumulées leur permettront une constitution du capital privé qui servira, dès 1970, de moteur pour la phase d'industrialisation réussie qui durera jusqu'à l'avènement de la seconde république en 1982.

En résumé, l'Etat a mis à la disposition des commerçants nationaux de l'argent qui leur a permis d'acheter de la marchandise à l'importation. Sa vente sur le marché local a permis de dégager une «plus value». Ce mécanisme répété plusieurs fois a entraîné une accumulation de capital. Doté de ce moyen financier, le commerçant, jusque là intéressé par des marchandises à faible valeur ajoutée, va s'orienter vers des activités à forte valeur ajoutée qui lui procureront d'avantage de plus value; il se transforme alors en industriel. C'est ainsi que KARL

MARX explique l'accumulation du capital dans son ouvrage. AHIDJO était un visionnaire!

En Côte d'Ivoire la problématique de l'érection du capital privé endogène tarde à trouver une solution globale. C'est la raison pour laquelle près de 90% des entreprises ivoiriennes sont aux mains des étrangers. Toutefois, l'Etat encourage la création des holdings à capitaux ivoiriens pour faire concurrence aux multinationales.

Les pays africains ont compris le bien fondé de l'émergence d'un capital privé endogène. Mais, peu d'entre eux ont su ou pu l'encourager. Celui ci demeure donc insuffisant. Dans beaucoup de cas, l'Etat est donc obligé de suppléer au manque. Il a ses secteurs de souveraineté qu'il doit contrôler absolument. Le capitalisme de l'Etat ne doit donc pas être considéré comme une hérésie économique.

Avec leurs moyens financiers limités, les entreprises privées nationales s'intéressent prioritairement aux productions simples nécessitant de faibles moyens technologiques. Puis, progressivement, elles pratiquent la remontée des filières, passant des produits à technologie simple à ceux plus élaborés

LA QUESTION DE LA SYNERGIE ENTRE LE CAPITALISME PRIVÉ ENDOGÈNE ET LE CAPITALISME PUBLIC

Le FMI a imposé aux Etats africains la privatisation de leurs entreprises de souveraineté. Cela est inadmissible. Il leur faut récupérer ces unités privatisées et remettre en service les nombreuses Sociétés de Développement fermées pour des raisons de mauvaise gouvernance. Car, la synergie du capital privé endogène et du capitalisme public ressuscité est l'unique solution qui permettra d'améliorer l'industrialisation des pays africains à condition que les sociétés d'Etat soient bien gérées. Il faudrait, pour cela, que les hommes en charge de leur gestion soient dotés de valeurs patriotiques et morales et aient des compétences avérées. Ceci est possible même quand les dirigeants sont tenus dans leur choix d'appliquer la règle des grands équilibres politiques. Par ailleurs, le politique devrait éviter de se mêler de la gestion l'entreprise publique afin qu'elle cesse d'être une rente pour le gestionnaire et ses parrains. Le mandat d'un dirigeant d'entreprise publique ne doit pas excéder cinq ans et il doit être sanctionné en cas de besoin.

La question de l'Amélioration de l'encadrement des entreprises nationales

Les entreprises nationales sont fragiles. Cette situation est liée à leur *faible viabilité* et leur *pérennité limitée*

La viabilité de l'entreprise s'enracine dans sa gouvernance interne; c'est-à-dire à l'existence des statuts, au bon fonctionnement des organes de gestion, à la fiabilité des Systèmes d'information, à l'existence des procédures, à la bonne organisation. Tous ces éléments concourent à lui assurer un caractère durable. La majorité des entreprises nationales n'en ont pas. Leur viabilité est donc compromise. Certaines études montrent, par exemple, qu'au Cameroun, 90% d'entreprises nationales n'atteint pas deux années d'existence. L'Etat doit donc être préoccupée par cette situation et les aider à s'améliorer. Il pourrait, par exemple, instaurer une prime fiscale dont bénéficierait toute entreprise nationale qui aura fait de bonnes performances en la matière.

La pérennité se définit comme la capacité à durer dans le temps. Elle repose sur les piliers suivants :

- l'environnement extérieur et le marché ;
- La technique et les équipements de production ;
- Le commercial ;
- La qualité des ressources humaines ;
- L'organisation ;
- Situation financière.

Au Cameroun, les chercheurs NGOA TABI Henri et MIYONSABA SEBIGUNDA Edson du Centre des Etudes et de Recherche en Economie de Gestion de Yaoundé II tirent la conclusion que la durée de vie moyenne d'une entreprise au Cameroun est de 1,26 ans, dans leur ouvrage intitulé: «ACCES AU CREDIT BANCAIRE ET SURVIE DES PME CAMEROUNAISES *: le rôle du capital social, juin 2012,* YAOUNDEII». pour pallier à cette faiblesse, la première République du Cameroun avait créé le Centre d'Assistance aux Petites et Moyennes Entreprises (CAPME) chargé de procéder à des études de faisabilité pour les entreprises en création et d'aider les unités existantes à résoudre leurs problèmes structurels et conjoncturels. Ce centre a été fermé sous la deuxième république pour causes d'ajustement structurel. Les autorités lui ont substitué une batterie d'Agences budgétivores, à l'efficacité pas toujours démontrée :

- l'Agence de promotion des investissements dont la mission est d'attirer les capitaux étrangers au Cameroun ;
- le Centre Pilote de Formalités des Entreprises pour la simplification des formalités de création des entreprises, qui complète la première agence citée ci-dessus ;
- l'Agence de Promotion de Petites et Moyennes Entreprises (APME) orientée vers leur création ;

- le Bureau de Mise à Niveau des entreprises (BMN) pour les apprêter à affronter la concurrence suscitée par les accords de partenariat économique.

La faiblesse structurelle des entreprises nationales est toujours aussi patente. Leurs ressources humaines sont, dans la plupart des cas, dotées de capacités limitées. Les promoteurs eux-mêmes n'ont souvent pas dépassé le cycle de l'enseignement primaire. Par contre, ils sont persévérants dans l'effort. Pour pallier toutes ces défaillances, les structures périphériques de formation et celles d'appui doivent être créées par l'Etat à l'exemple de la Côte d'Ivoire. Elles doivent être complétées par celles de concertation dont le rôle est de débattre avec l'Etat des problèmes de développement corporatiste et de proposer des solutions. C'est ainsi que dès 1945, la CHAMBRE DE COMMERCE voit le jour au Cameroun. Elle est alors présidée par des colons qui dominent l'activité économique. Après les indépendances, les opérateurs économiques locaux en deviennent membres. Sa présidence est confiée à un camerounais. Les colons qui contrôlent les grandes unités de production vont alors créer une structure différente pour défendre leurs intérêts. Le Groupement des Industriels du Cameroun (GICAM) naît et son président blanc est le véritable interlocuteur du pouvoir. Les patrons des petites et moyennes entreprises qui n'ont pas d'atomes crochus avec le grand patronat créent de leur côté le Syndicat des Industriels du Cameroun (SYNDUSTRICAM) pour porter leur revendication corporatiste. Peu à peu, les patrons camerounais intègrent le GICAM et finissent par en prendre la présidence. Une multitude d'organismes sensés défendre les intérêts de la petite et moyenne entreprise se crée. Ce foisonnement est lié aux luttes d'influence à relents politiques qui animent les opérateurs économiques camerounais.

En Côte d'Ivoire, les structures de concertation se composent de la CHAMBRE DE COMMERCE créée à l'époque coloniale et la Confédération Générale des Entreprises en Côte d'Ivoire (CGECI) de création postcoloniale qui regroupe tout le patronat ivoirien et qui est structurée de manière sectorielle. Le système d'informations sur les entreprises y est bien élaboré.

L'encadrement des entreprises nationales est une exigence. Il faudrait cependant éviter la récupération de ces structures à des fins politiques

La question de la politique nationale des entreprises nationales

Dans la plupart des pays d'Afrique Noire Française des structures administratives ad hoc ont été créées pour prendre en main les problèmes des PME et des PMI. On a ainsi vu naître :

- les Directions des PME au sein des ministères
- les ministères des PME

Elles sont chargées de définir les politiques nationales des PME. S'il faut s'en féliciter, il faut néanmoins veiller à stimuler leur efficacité.

Le recensement général des entreprises fait au Cameroun en 2009 nous indiquait que le paysage des entreprises était composé à 75% de très petites entreprises (TPE), à 19% de petites entreprises (PE), à 5% de Moyennes entreprises (ME) et à 1% de grandes entreprises (GE).

Le TPE désigne une entreprise du secteur informel. Selon la définition de la 15° conférence des statisticiens du travail (BIT 1993), le secteur informel est : « Un ensemble d'unités de production de biens ou de services en vue principalement de créer des emplois et des revenus pour les personnes concernées. Les agents ayant un faible niveau d'organisation opèrent à petite échelle et de manière spécifique, avec peu ou pas de division entre le travail et le capital en tant que facteurs de production….»

Le secteur informel est une particularité des Etats de l'Afrique Noire Française qui sont des *«états fragiles»* qui, par définition, éprouvent des difficultés à assurer la stabilité politique, la sécurité économique et la cohésion sociale sur leur territoire. Il joue un rôle économique important. Au Cameroun, par exemple, il nourrit 90% de la population, contribue à 29% à la production intérieure et constitue un réservoir d'emplois opportuns ou occasionnels pour les jeunes et les femmes. Le défi à relever par les structures ad hoc créés pour l'encadrement des PME est avant tout celui de favoriser la migration des TPE vers les PME. L'efficacité serait mesuré par l'évolution à la baisse du rapport TPE/TPE+PE+ME.

Chapitre VII

FACILITER LE DÉVELOPPEMENT DES ENTREPRISES NATIONALES

« Savoir employer le peu et le beaucoup
suivant les circonstances »
(Sun Tzu)

Le développement pour une entreprise consiste soit à accroitre ses parts sur un marché existant soit à diversifier ses produits et ses marchés. Evaluons les stratégies implémentées par le Cameroun et la Côte d'ivoire.

PRODUIRE POUR SATISFAIRE LA DEMANDE INTÉRIEURE D'ABORD

Au Cameroun, de 1960 à 1980, *l'import substitution* devient la base de l'industrialisation. De nombreuses PMI performantes, orientées vers le marché intérieur, sont créées par le capital privé endogène pour fabriquer localement les produits jusque là importés pour satisfaire la demande intérieure. Pendant ce temps, des entreprises publiques à haute intensité de capital sont mises en place par l'Etat, notamment dans le domaine de la production agricole du riz, du blé, du sucre etc…Le capitalisme d'Etat joue alors un rôle clé dans le domaine de l'industrialisation agricole. Conformément à la recherche de l'autosuffisance alimentaire, celle-ci vise à satisfaire en priorité, la demande intérieure. A partir de 1980, le pays devient alors, le grenier de l'Afrique Centrale. En 1984/85, il produit 698.000 tonnes de céréales dont 81.000 tonnes de riz, 213.000 tonnes de légumineuses dont 99.000 tonnes d'arachides, 2.752.000 tonnes de féculents dont 1.001.000 tonnes de banane plantain, 137.000 tonnes de viande et 88.000 tonnes de poisson, 71.000tonnes de sucre. La demande se présente ainsi qu'il suit: 1.070.000 tonnes de céréales, 20.189.000tonnes de féculents, 352.000 tonnes de viande et poisson, 389.000 tonnes de légumineuses 75.000 tonnes de sucre. Les taux de couverture des besoins sont alors les suivants: céréales: 65,7%, féculents: 116%, légumineuses: 46,8%, sucre: 93,3%, viande et poisson: 74,1%.

Mais, dès 1990, les entreprises publiques agricoles d'import substitution sont malmenées par la conjonction de la mauvaise gouvernance, des plans d'ajustement structurels. La dévaluation du franc Cfa a fini par les déstabiliser définitivement. Sous les recommandations du FMI, l'Etat met alors fin au fonctionnement de la MIDEVIV, de la SODERIM, de la SEMRY et de plusieurs MISSIONS de DEVELOPPEMENT. Le Cameroun redevient alors dépendant des importations. En 2008, il est secoué par les émeutes dites de la faim qui ont créé une crise politique majeure, à cause de la flambée des prix des produits de consommation courante. Au lieu de fermer ces entreprises, Il eût fallu résoudre leurs problèmes de gouvernance et prendre des dispositions notamment monétaires pour leur permettre de résister aux chocs extérieurs.

Dans la période de 1960 à 1980, la Côte d'Ivoire, malgré son «miracle économique» est demeurée dépendante des importations pour son alimentation, notamment des protéines animales, du blé, du sucre. Elle avait atteint l'autosuffisance en riz en 1971, mais la SODERIZ a été démantelée pour des raisons *«d'erreurs de gestion»*. Contrairement au Cameroun, elle avait donné la priorité aux cultures de rentes qui, exportées faisaient rentrer des devises destinées à soutenir l'industrialisation. En 1981, ce pays proclame sa volonté de redevenir autosuffisant sur le plan alimentaire. Dans son étude intitulée AUTOSUFFISANCE ALIMENTAIRE EN COTE D'IVOIRE: PARADOXE OU REALISME SOCIO ECONOMIQUE, dans ECONOMIE RURALE de sept-octobre 1986, René YABILO KINIMO, constatant que les paysans donnaient la préférence à la culture de rente qui leur rapportait plus, posait alors la question de la capacité de l'Etat à réussir son pari.

Cette question était pertinente car, en 2015, on peut constater, que le pays importe encore 900.000 tonnes de riz malgré une production record de 1,2 millions de tonnes. L'autosuffisance alimentaire n'a donc pas été atteinte.

On peut donc conclure que la production pour la satisfaction du marché intérieur n'est une bonne stratégie que si les entreprises sont protégées des chocs extérieurs.

Ces pays n'ont pas pu le faire. Leur adhésion actuelle aux Accords de Partenariats Economiques (APE) créant une zone de libre échange avec l'Europe rend hypothétique la survie de ces entreprises.

LA PROMOTION DE L'EXPORTATION DES PRODUITS À FORTE VALEUR AJOUTÉE COMME MOTEUR DE L'INDUSTRIALISATION

L'industrialisation ne peut se faire sans acquisition des équipements qui coûtent de plus en plus cher et qui sont facturés en devises. Pour couvrir ces importations, il faut alors exporter d'avantage et mieux. La conquête des marchés extérieurs doit donc être un des objectifs prioritaires de toute entreprise nationale qui se créé car la diversification des marchés est un gage de pérennité. C'est la raison pour laquelle il est indiqué de fixer à chaque entreprise qui se créé et qui doit importer ses équipements, de prendre des dispositions pour équilibrer sa balance commerciale. Dès lors, elle devra s'activer pour trouver des marchés, de préférence africains, pour exporter une partie de sa production. Par ce biais, on aura aussi assuré la *promotion des échanges intra africains*.

Les pays d'Afrique Noire Française doivent donc se doter des structures de promotion des exportations de leurs produits manufacturés. Au Cameroun, sous la première république il y avait le CENTRE NATIONAL DU COMMERCE EXTERIEUR destiné à la conception et à la mise en œuvre des politiques d'exportation. Malgré la réussite de cet organisme, il sera fermé sous la deuxième république sous injonctions du FMI. Il faut réhabiliter cette structure.

En Côte d'Ivoire, la promotion des exportations est du ressort de l'Association pour la promotion des Exportations en Côte d'Ivoire (APEX CI). Toutefois on y a mis l'accent sur l'exportation des produits de base agricoles. Elle a néanmoins résisté à la crise des années 1980.

La promotion de l'exportation comme moteur de l'industrialisation ne peut être efficace que si on donne de la valeur ajoutée aux produits primaires exportés actuellement et si on incite les entreprises manufacturières à inscrire dans leurs objectifs, l'exportation d'une partie de leurs productions.

LA DIVERSIFICATION DES PRODUITS INDUSTRIELS AGRICOLES SUR LE MARCHÉ INTÉRIEUR : LA CRÉATION DES PÔLES RÉGIONAUX DE DÉVELOPPEMENT

Dans le secteur primaire, le pôle régional de développement se définit comme une zone créée qui vise à permettre la mise en valeur de ses potentialités. On pourrait traduire cela par la formule: *« chaque région doit faire valoir ses avantages comparatifs. ».* La diversification des produits par la création des pôles régionaux de développement a été implémentée en Côte d'Ivoire avec succès. Le secteur primare occupe une place prépondérante dans l'économie de tous les pays. Il est le premier générateur des richesses qui permettent de passer à la phase d'industrialisation.

Dans la période 1971 à 1975 la Côte d'Ivoire a créé trois zones principales: le pôle du Sud Ouest autour de San Pedro, visant à réaliser un équilibre entre l'Ouest et l'Est forestier, puis la vallée du BANDAMA, dans le Centre où les activités agropastorales et agricoles seront installées, et le Nord du pays identifié pour accueillir les unités agro-industrielles autour de la culture du coton, de l'anacarde, de la canne à sucre et du riz. Les autres régions de développement bénéficient également de projets agricoles d'envergure: à l'Ouest, les programmes rizicoles, au Sud, la culture du palmier à huile et du coco, de l'hévéa, de la banane et de l'ananas; à l'Est, l'élevage et la riziculture.

Quant on évalue la mise en œuvre de ces zones de développement, on constate que les programmes agricoles ont été pour la plupart réalisés; le Sud et le Sud Ouest sont recouverts de vastes plantations de palmier à huile, d'hévéa, de banane et d'ananas. Au Nord l'agro industrie s'est développée autour des usines à sucre; dans la vallée du Bandama, les activités agropastorales se sont installées; et dans le Sud Ouest, le port ainsi que la ville nouvelle SAN PEDRO ont été créés. Mais il a fallu se rendre à l'évidence que régionalisation et décentralisation vont de pair et qu'il faut concrétiser ce binôme.

Le Président AHMADOU AHIDJO disait aux Camerounais: « Avant le pétrole, il y avait l'agriculture et après le pétrole, il y aura l'agriculture ». Il avait fait de l'activité agricole un pion important de sa stratégie de développement. C'est la raison pour laquelle il s'était attelé à la mise en œuvre d'un comice agropastoral qui se tenait régulièrement, de manière rotative, dans chaque province pour en promouvoir le développement. Il avait du respect pour les agriculteurs et les éleveurs qu'il appelait affectueusement les «*seigneurs de la terre*». Et le Cameroun était devenu sous sa présidence, le grenier de l'Afrique Centrale.

La théorie économique voudrait que l'agriculture soit la locomotive du développement d'un pays. Cela se traduit par l'évolution décroissante de sa part dans la Production intérieure brute. Les informations suivantes sont extraites du rapport de la Banque Mondiale (WDI 2007)

De 1965 à 1982, date du départ de ce leader du pouvoir, sa part dans le PIB du Cameroun a évolué de manière décroissante, passant de 32,7% à 28,66% ; cette évolution tend à démontrer que l'agriculture a joué vraiment son rôle de moteur de l'économie dans cette période.

Depuis l'avènement de la deuxième république, la tendance s'est inversée; la part de l'agriculture dans le PIB s'est accrue régulièrement passant de 28,66% en 1982 à 39,56% en 1994 et 41,05% en 2005. Celle-ci a donc cessé d'être le moteur de l'économie.

Les «*seigneurs de la terre*» ont donc été abandonnés par le Président BIYA et il a fait confiance aux grands trusts qui ont fini par déposséder les agriculteurs de leurs terres et les ont conduits à la misère.

Au Cameroun on expérimente à présent les *agropoles* qui sont également des pôles de développement agricoles: si par exemple, dans une région, il y a une aviculture intensive, on peut créer des unités privées d'abattage de poulets avec un concours financier extérieur géré par l'Etat. Le projet est cohérent dans son principe, mais a besoin, pour sa réussite, non seulement d'une bonne gouvernance, mais d'une politique responsable.

L'Afrique Noire Française devrait aujourd'hui, renouer avec son agriculture sans céder à la tentation de vendre ses terres aux multinationales qui vont l'en déposséder et faire de ses habitants des parias.

La création des pôles de développement comme stratégie de développement devrait logiquement conduire les pays africains à la promotion de la *transformation des produits agricoles et d'élevage* par le procédé des remontées des filières. En effet, l'agrobusiness est un secteur où les unités de petite taille peuvent être multipliées avec bien souvent une compétitivité réelle, impulsant ce faisant, un véritable développement endogène par des structures privées. Les exemples des filières sont nombreux :

- la filière café ;
- la filière cacao ;

- la filière manioc ;
- la filière mais ;
- la filière avicole.

Il s'agira de mettre en évidence l'ensemble des produits que l'on peut produire à partir d'un produit originel, allant du plus simple au plus compliqué. Cela ne peut se faire que par des structures ad hoc soutenues par l'Etat. La remontée des filières est un processus qui permet de réaliser la production la plus simple située en amont, puis d'acquérir progressivement les techniques conduisant à la fabrication des produits de plus forte valeur ajoutée. A terme, il est ainsi possible de maîtriser l'ensemble de la filière et de contrecarrer les importations qui absorbent les réserves en devises

Les pôles de développement qui permettent de doter chaque région du pays d'unités de transformation de premier niveau, en fonction de son *«avantage comparatif»* et de pratiquer la remontée des filières jusqu'à la maîtrise de la totalité de la filière, conduisent au *développement équilibré* du pays.

La protection des entreprises nationales et l'amélioration de leur compétitivité

Il est normal que, du fait de sa fragilité, chaque entreprise nationale fasse l'objet d'une protection de l'Etat jusqu'à ce qu'elle soit en mesure d'évoluer dans un milieu concurrentiel souvent déloyal et d'affronter les agressions des multinationales. Même si par cette pratique, on rame à contre courant des règles du commerce mondial qui préconisent l'abolition des barrières tarifaires et non tarifaires, il faut reconnaître que les pays africains n'ont pas d'autre choix. La scène internationale est une jungle où règne la loi du plus fort sur les plans économique et politique! Les structures de production nationales disposent de faibles *avantages comparatifs*, en comparaison de celles des pays développés. Si elles ne sont pas protégées, elles sont vouées à la disparition. Depuis les négociations commerciales multilatérales appelées *Uruguay Round* dont le lancement a eu lieu à Punta Del Este en septembre 1986, les pays du Nord ont imposé la globalisation des échanges aux pays en développement, réticents et conscients du péril auquel leurs entreprises nationales s'exposaient. Alors, l'Europe propose à l'Afrique Noire Française la signature des Accords de Partenariat économique (APE) qui voudraient que ses produits puissent entrer sur les marchés africains sans droit de douane et que réciproquement les produits africains entrent dans les leurs dans les mêmes conditions. C'est la création d'une zone de libre échange

Les entreprises nationales africaines sont déjà désavantagées par une inflation des prix de leurs équipements et de leurs intrants importés du Nord, d'une part, et par des coûts élevés des facteurs locaux de production, d'autre part. Comment pourraient-elles, dans ces conditions, valablement concurrencer les structures de production du Nord? Leurs produits ne peuvent donc que difficilement être compétitifs face à ceux provenant de l'Europe, sur tous les marchés. En outre, certaines dispositions insidieuses empêchent les produits manufacturés africains d'être vendus en Europe; par exemple ceux dont plus de 60% des intrants proviennent d'Europe! Les opérations de mise à niveau des entreprises diligentées dans certains pays africains par l'Union Européenne ne changeront pas cette situation.

Il convient de savoir, par ailleurs, que les entreprises occidentales exportent sur les marchés africains en coût marginal. Leur seuil de rentabilité est généralement atteint par les ventes sur leurs marchés intérieurs. Elles peuvent donc fixer leurs prix de vente à l'exportation à leur convenance!

A bien observer, on se rend compte que les entreprises susceptibles de bénéficier des avantages des APE sont les multinationales. En effet, les investissements directs étrangers, en Afrique Noire Française, sont orientés en majorité à la production destinée à l'exportation constituée principalement des produits de base agricoles, miniers et énergétiques. Ceux-ci s'acquittent actuellement de droits de douane pour accéder au marché Européen. Ils en seront désormais exonérés grâce aux APE. Leurs prix de revient, va baisser sur le marché européen, à la grande satisfaction des entreprises de transformation européennes qui les utilisent comme intrants. Sachant que prix de vente des produits obtenus à partir de leur transformation est fixé par le marché, il ne baissera donc pas.. On en conclue tout simplement que l'APE permet aux entreprises de transformation européennes de s'enrichir.

Par ailleurs, les entreprises Européennes qui exportent vers l'Afrique vont bénéficier d'une compétitivité également accrue de leurs produits. Ainsi, l'Europe sortira globalement gagnante de la libération des échanges avec les pays d'Afrique Noire Française dont les entreprises nationales, manquant de compétitivité, n'ont rien à lui proposer. A contrario, ils continueront de s'appauvrir.

Ce constat étant fait, revenons à l'argumentation qui consiste à affirmer que les APE susciteront un afflux d'investissement direct européen en Afrique. L'Europe est en proie à des crises économiques qui poussent leurs entreprises à se délocaliser. Mais l'opportunité ne réside pas dans le faible coût d'accès à un marché, mais plutôt à la recherche d'une main d'œuvre moins chère pour améliorer leur compétitivité. En effet, les IDE n'ont réussi en Asie que grâce *aux avantages comparatifs* de sa main d'œuvre docile et ascète, qui se plaint cependant de l'esclavagisme de ces entreprises. Dans beaucoup de pays africains, les mentalités sont différentes et les revenus salariaux bien que bas sont quelques fois plus élevés que ceux de certains pays asiatiques. Les APE vont donc échouer à provoquer des investissements directs étrangers de l'Europe en Afrique noire.

Et si on tient tout de même à attirer les investissements directs étrangers, pourquoi ne pas encourager le modèle indien? Parmi les pays du BRICS, l'Inde est une spécificité dans le domaine des IDE.

Les APE vont confiner L'Afrique Noire Française dans son état de consommateur de produits importés d'origine européenne. Ils vont enrichir les multinationales et naturellement tuer les entreprises nationales. .

Les Africains doivent *donc protéger leurs entreprises nationales* par des barrières à mettre en place. Le refus de signature des accords de partenariat économique (APE) avec l'Europe, participe à cette protection.

Ils doivent aussi s'atteler à *améliorer la* compétitivité sectorielle de leurs unités de production. Il faut, pour cela, trouver des solutions pour :

- l'acquisition des intrants à des coûts bas ;
- l'ajustement des coûts des facteurs ;
- la mise en place des mesures fiscales appropriées ;
- la transformation des matières premières localement.

La création, dans certains pays, d'un comité de compétitivité est pertinente pourvu que cet instrument soit efficient.

Dans l'étude intitulée : Le produit National Brut du Cameroun de 1970 à 2012 publiée dans le site fr.kushnirs.org/macroéconomie/gdp et celle intitulée : Perspectives Economiques du Cameroun publiée par BORIANA YONTCHEVA représentante résident du FMI à Yaoundé le 16/11/2012 dans le site www.imf.org/external/country, on relève les éléments suivants :

Au Cameroun, la première république a obtenu des résultats économiques très éloquents, .sous une dictature éclairée et un patriotisme sourcilleux. En 1982, au moment où le premier Président de la République quitte la scène, ce pays est le plus prospère d'Afrique Centrale. Son tissu industriel, détenu, en majorité, par les nationaux, est très dynamique. Son PIB, en dollar courant, est passé de 1,2 milliards en 1970 à 8,4 milliards en 1982 soit un accroissement moyen annuel de 17,5%. Et, par habitant, il est de 177dollars en 1970 contre 886 dollars en 1982, soit un accroissement annuel de 14,5%.

Les résultats économiques de la deuxième république qui se veut démocratique sont, par contre, décevants. Le PIB, en dollar courant, est passé de 8,4 milliards en 1982 à 7,1 milliards en 1994, soit un accroissement moyen annuel de – 0,14%. Et, par habitant, il est de 886 dollars en 1982 et 524 dollars en 1994, soit un accroissement moyen annuel de -4,3%. C'est la récession et la pauvreté!

Chapitre VIII

Rendre la justice juste et faciliter l'exécution de ses décisions

« Selon que vous serez puissant ou misérable,
les jugements de cour vous rendront blanc ou noir »
Jean de la Fontaine

Les maux de la justice en Afrique Noire

La justice est pointée du doigt par 11% des promoteurs camerounais interrogés comme un des principaux obstacles à l'entreprenariat. Comment en arrive-t-on là dans un Etat de droit où la justice est perçue comme le troisième pouvoir après ceux de l'Exécutif et du Législatif? Ce pouvoir mal assumé, en Afrique Noire Française, par ses tenants, est miné par de nombreux maux dont les plus connus ont pour noms: la corruption, les lenteurs, la violation des textes, l'absence d'indépendance.

En Afrique Centrale et en Afrique de l'Ouest, la justice est un cancer qui ronge la société et dont les métastases, si on n'y prend pas garde, vont la conduire inéluctablement à la mort. Elle est devenue injuste, transformant le bourreau en victime. Elle n'inspire plus confiance aux usagers lassés de ses dérives. Sur l'estrade du prétoire voilà le juge assis, drapé dans sa toge noire avec une épaulette aux couleurs nationales et coiffé d'une perruque beige. Il inspire respect et dignité car on se lève quant il fait son entrée. On apprend vite ici que l'habit ne fait pas le moine. Pour gagner un procès, il suffira seulement de savoir le convaincre par des espèces sonnantes. Il rend le jugement à sa convenance, en son âme et conscience. Il fait traîner les procédures en longueur surtout pour mieux chauffer les parties afin de les faire passer à la caisse. Le verdict sera en faveur de la meilleure offre de ce marché qui n'a pas de nom. Il est souvent instrumentalisé par le pouvoir exécutif ou tout bonnement par un hiérarque. Il devient alors un instrument de règlements de comptes politiques et économiques: une source d'injustice. Ses décisions, considérées comme partiales, sont régulièrement contestées.

A côté de l'estrade, est assis le procureur de la république avec son tas de dossiers. Au prétoire, il est sensé représenter la partie civile. Mais le voilà qui, au détour d'une interprétation discutable d'un article de droit, retourne sa veste et devient le complice de l'accusé. Il le fait sans état d'âme. Cela dépend du volume de l'enveloppe qu'il a reçu de ce dernier.

Devant le juge, il y a le greffier qui est chargé de diligenter les dossiers. Il a la technique pour en faire disparaître lorsque cela est nécessaire. Il suffit de savoir «parler».

Ainsi se présente ce milieu dans lequel baigne l'entreprise nationale. Comme on le sait, celle-ci est un regroupement de personnes qui ont mis ensemble leurs avoirs qu'ils veulent fructifier. Puisque, dans toute association, des conflits peuvent surgir entre les partenaires, le tribunal est alors sollicité pour arbitrer. Et, comme ces affaires portent sur des montants importants, la cupidité du juge va travestir le jugement.

Quelques expériences Camerounaises permettent d'illustrer cette affirmation.

L'affaire d'une marque de cigarettes

Un entrepreneur camerounais signe un contrat de partenariat avec une entreprise allemande. Celui-ci débouche sur la création d'une entreprise alpha de droit camerounais dont l'objet est la production, au Cameroun, d'une marque de cigarette appartenant à l'entreprise allemande, déposée en Allemagne. Celle-ci, déjà connue sur le plan international, est rapidement adoptée au Cameroun. La production de cette marque est subordonnée à des conditions de qualité d'intrants sévères. Au bout d'environ huit années d'une collaboration sans problèmes, des querelles surgissent entre la partie camerounaise et son partenaire. Le partenaire conteste la tentative d'appropriation de sa marque par la partie camerounaise. L'organisation africaine de la propriété intellectuelle (OAPI déboute la partie camerounaise de sa prétention à s'approprier la marque querellée. Et, la justice camerounaise est saisie de ces différends, selon les clauses du partenariat. Un juge va alors s'illustrer négativement, pour beaucoup d'observateurs, en rendant en une journée plus de cinq ordonnances favorables à la partie camerounaise. Le conflit va durer dix ans et trouvera un dénouement par un arrangement amiable. Mais l'entreprise camerounaise sort affaiblie de ce conflit et ne pourra pas se relever facilement. Ne pouvant plus produire sereinement la marque, elle tente le lancement d'une autre qui connaît un échec. C'est la déconfiture!

En disant le droit, la justice aurait sans doute sauvé cette entreprise.

L'affaire de la bière allemande

Une brasserie est créée au Cameroun par des nationaux avec un partenaire allemand qui est propriétaire de la marque de bière à fabriquer. Cette boisson remporte un grand succès. Contre toute attente, la partie camerounaise tente de s'accaparer la gestion de l'entreprise ainsi que la marque de la bière. Comme pour la première affaire citée plus haut, la partie camerounaise tente de s'appuyer sur la justice pour poser son acte. En définitive et sans entrer dans le détail du feuilleton juridique, l'affaire sera revendue à une brasserie de la place, avec le consentement de la partie allemande qui entendait mettre fin à ce partenariat.

Ces deux affaires ont échaudé les hommes d'affaires allemands qui dénoncent la partialité et la corruption de la justice camerounaise et hésitent encore aujourd'hui à conclure d'autres partenariats avec des opérateurs économiques camerounais.

Partout en Afrique Noire Française, on retrouve des cas similaires.

QUE FAIRE ?

Tout le monde aura observé que dans un procès qui charrie de grands enjeux financiers la justice n'est pas juste, pour des raisons de corruption! Il faut donc que le Conseil Supérieur de la Magistrature prenne des sanctions qui s'imposent.

Par ailleurs, lorsqu'une décision est rendue et qu'elle est définitive, son exécution est difficile à cause de nombreux blocages. On verra plus loin, à l'examen du cas AMITY

BANK, comment les actionnaires de cette banque authentiquement camerounaise ont été lésés bien qu'ils aient eu gain de cause auprès du tribunal arbitral. Dans ce cas, l'Etat qui est chargé de faire respecter les décisions de justice est celui là même qui les a foulées aux pieds. On se demande alors à quoi sert l'Organisation pour l'harmonisation du Droit des Affaires en Afrique (OHADA).

En principe, elle est sensée remédier aux dysfonctionnements liés, *d'une part, à l'insécurité juridique* née non seulement des législations hétérogènes, disparates et inconnues des pays membres au lendemain des indépendances, mais aussi des règlementations des Etats membres obsolètes dans un contexte de mondialisation; d'autre part, à l'insécurité judiciaire née de la dégradation de la façon dont est rendue la justice.

Créée le 17 octobre 1993 par le traité de PORT LOUIS, cette organisation a, pour membres, tous les Etats de l'Afrique Noire Française auxquels se sont ajoutés la GUINEE EQUATORIALE et les COMORES. Elle s'est dotée d'une Cour Commune de Justice et d'Arbitrage dont le siège est à Abidjan (Côte d'Ivoire). Son Secrétariat permanent a son siège à Yaoundé(Cameroun). Son objectif c'est : « La facilitation des échanges et des investissements, la garantie de la sécurité juridique et judiciaire des activités des entreprises. »

Force est de constater que depuis sa création, les maux auxquels elle était sensée s'attaquer perdurent. Il faut donc une réelle volonté politique pour que la justice devienne un instrument de développement en Afrique Noire Française.

Chapitre IX

VAINCRE L'AUTO-RÉPRESSION MONÉTAIRE DU SYSTÈME BANCAIRE NATIONAL

« Seul l'arbre qui a subi des assauts du vent est vraiment vigoureux car c'est dans cette lutte que ses racines, mises à l'épreuve, se fortifient »
(Sénèque)

Le système bancaire en Afrique Noire Française est organisé en deux zones géographiques: celle de l'Afrique Centrale et Celle de l'Afrique de l'Ouest.

Les banques commerciales de chaque pays d'une zone sont connectées à la banque centrale commune. Ces pays utilisent une monnaie commune le franc des colonies françaises d'Afrique (franc Cfa). Ce système a des dysfonctionnements qui empêchent l'émergence des entreprises nationales.

LA CRÉATION DE LA MONNAIE : UNE VOCATION MAL ASSUMÉE

La création de la monnaie est la vocation première du système bancaire.

La Banque Centrale a pour mission d'émettre la monnaie fiduciaire ayant force libératoire. Les Anglo-saxons l'appellent: *«high powered money»*, c'est-à-dire la monnaie du premier degré. Les économistes l'appellent encore M1. Elle se présente sous forme papier ou métallique.

Les Banques Commerciales créent des dépôts à vue et émettent en contrepartie des chéquiers. C'est la monnaie de deuxième degré appelée M2 ou *monnaie scripturale* par les adeptes de la science économique. Elle n'a pas de caractère fiduciaire. En outre, elles font de l'intermédiation financière. Celle-ci consiste à collecter *«l'épargne»* des ménages autrement appelée «dépôt» et à la prêter à ceux qui en ont besoin.

La masse monétaire c'est la somme de ces deux monnaies.

Qu'on l'appelle M1 ou M2, la monnaie c'est le crédit à l'économie. C'est un acte de souveraineté que les pays d'Afrique Noire Française n'exercent pas pleinement, compte tenu des dispositions de la coopération monétaire signées avec la France que nous examinerons dans le chapitre suivant.

Un certain nombre de dysfonctionnements perturbent la création de la monnaie par la Banque Commerciale. On peut énumérer les facteurs d'auto répression suivants :

- La répression du crédit par l'insuffisance des dépôts de longue durée
- La répression de l'épargne par les *taux d'intérêt réel négatifs*
- La répression du crédit par les coûts élevés: *taux d'intérêt débiteur* tva comprise
- La répression de l'activité de crédit par *la recherche effrénée de la rentabilité*

La répression du crédit d'investissement par l'insuffisance des dépôts de longue durée

Les banques commerciales font face à deux types de sollicitations de la part des entreprises nationales. Il y a d'abord le crédit à *long ou moyen terme* dont la durée de remboursement excède deux ans. Puis il y a le crédit à *court terme* dont la durée de remboursement est inférieure ou égale à deux ans.

Le besoin en crédit de longue durée ne peut être satisfait que par des dépôts de même nature aussi appelés *dépôts à terme*. Malheureusement, en Afrique Noire Française, les banques commerciales n'en disposent que peu, malgré leur effort de collecte au travers de nombreux instruments. Il leur est donc difficile de répondre favorablement à un besoin en financement des actifs immobilisés des entreprises nationales. C'est la raison pour laquelle, dans leur grande majorité, elles font de manière préférentielle du crédit à court terme.

Puisque les banques commerciales ne peuvent financer que le fonds de roulement des entreprises, où ces dernières devront elles trouver l'argent nécessaire pour financer leurs immobilisations? Cette situation pénalise donc l'économie nationale. Les solutions alternatives apportées jusqu'à présent telles que la création *des bourses des valeurs mobilières, et les emprunts obligataires* leur conviennent peu, compte tenu de leur taille et de leur forme juridique.

Pourtant, il existe une classe d'épargnants dans ces zones monétaires, disposant d'une épargne oisive, à la recherche de meilleurs placements. Celle-ci est drainée par les pays du Nord ou par les paradis fiscaux, au nom du secret que recherchent ces épargnants. Les « Panama papers » et les sociétés off shore se développent allègrement. Les pays africains peuvent limiter ce phénomène de *fuite des capitaux* en mettant un terme *au libre transfert* de la monnaie et en faisant obligation aux entreprises multinationales de réinvestir sur place une partie de leur bénéfice. En mettant en place des brigades financières chargées de circonscrire et de réprimer ce phénomène, l'Etat doit également encourager la création *des fonds d'investissement* pour mobiliser cette épargne.

Par ailleurs, les assurances étant des points de collecte d'épargne de longue durée; le renforcement du lien banque/assurance permettra de mettre les fonds ainsi collectés à la disposition des banques.

La répression de l'épargne par le taux d'intérêt réel négatif

En Afrique Noire Française, l'épargne a un coût pour le banquier.

Pour mobiliser les dépôts à terme, celui-ci incite l'épargnant, par une rémunération annuelle suffisamment attractive sous forme de *taux d'intérêt créditeur*. Toutefois, ce dernier ne répondra favorablement à ces sollicitations que si la rémunération proposée est «intéressante». En effet, en homme économique, il cherchera à savoir si au terme de la durée de la cession de son épargne, le montant qu'il recevra en intérêt et principal, lui permettra d'acquérir, au minimum, la même quantité de biens qu'au début. Ceci veut dire que le taux d'intérêt doit être supérieur au taux d'augmentation des prix; on appelle *taux d'intérêt réel* la différence entre le taux d'intérêt créditeur et le taux d'accroissement des prix. En clair, *l'épargnant ne consentira à se dessaisir de son épargne que si le taux d'intérêt réel est supérieur à zéro.*

Dans le cas contraire *(intérêt réel négatif)*, il préfèrera acquérir un bien stable avec son épargne. Or le taux d'intérêt négatif s'observe dans beaucoup de pays d'Afrique Noire Française où le taux d'inflation est de 5% et le taux d'intérêt créditeur de 3%. Et si l'épargnant continue à maintenir son épargne à la banque, c'est tout simplement parce qu'il manque d'informations sur l'inflation. Le Professeur TCHUNDJANG POUEMI dit que : « En principe, une telle situation ne se rencontre que dans des économies où il n'y a pas d'instrument de réserves, de conservation des biens, en particulier dans des économies sans monnaie. Le système monétaire fonctionne contre les règles élémentaires de la théorie économique. »

Si les taux d'intérêt réels négatifs découlent de l'inflation, on observe également, que certaines banques en Afrique les infligent à leur clientèle par le jeu des frais fixes de gestion aussi appelés *frais de tenue de compte.* A titre illustratif, voici un compte d'épargne qui contient 50.000 francs; et est rémunéré à un taux d'intérêt créditeur de 3% par an; il paie 5000frs par semestre de frais de gestion; au bout d'une année, il aura encaissé 1500f d'intérêt et payé 10000fr de frais de gestion; soit une perte réelle de 8500francs. Son capital sera ramené à 41500Fcfa; le taux d'intérêt net est négatif: il a donc intérêt à fermer son compte! L'épargne est donc réprimée par le système bancaire lui-même.

LA RÉPRESSION DU CRÉDIT PAR LE TAUX D'INTÉRÊT DÉBITEUR TOUTES TAXES COMPRISES, ÉLEVÉ

L'utilisateur des ressources doit payer un prix au banquier, qui est le *taux d'intérêt débiteur*. Ce taux se calcule comme le total *du taux de base* de la Banque Centrale et de la *marge bancaire* de la Banque Commerciale. A ce taux débiteur il faut ajouter une taxe sur la valeur ajoutée de 19,5% pour obtenir le *taux débiteur toutes taxes comprises.*

Considérons un commerçant qui a emprunté à la banque un capital de 100francs au taux d'intérêt de 10% hors taxes et avec une tva de 19,5%. Sachant qu'il achète de la marchandise pour la revendre, la charge financière qu'il supporte se décompose comme suit :

- Intérêt	10 francs
- Tva	1,95 francs
- Total des charges financières	11,95 francs

Ramenée au capital de 100francs, elle représente un taux d'intérêt toutes taxes comprises de 11,95%

Si le résultat d'exploitation hors frais financier est B, en le rapportant au capital de 100francs, le taux de rentabilité du capital est B%. L'opération n'est intéressante que si B est supérieur à 11,95 en d'autres termes, *si le taux de rentabilité du capital est supérieur au taux d'intérêt toutes taxes comprises.*

Dans le cas étudié, le taux de rentabilité du capital doit être supérieur à 11,95%. A l'évidence très peu d'activités peuvent atteindre cet objectif. Nous avons fait ce calcul avec un taux d'intérêt débiteur hors taxe de 10% ; Or le taux débiteur en vigueur dans certaines banques excède largement celui-ci.

Le taux débiteur et la tva de 19,5% renchérissent donc abusivement le crédit et décourage l'emprunteur. L'Etat devrait donc revoir à la baisse la fiscalité en cette matière et les banques doivent adapter leur marge bancaire.

LA RÉPRESSION DE L'ACTIVITÉ DE CRÉDIT PAR LA RECHERCHE EFFRÉNÉE DE DA RENTABILITÉ DANS LE SYSTÈME BANCAIRE

Dans les pays francophones subsahariens, à l'instar du Cameroun et de la Côte d'Ivoire, la Banque Commerciale et la Banque Centrale sont considérées comme des entreprises ordinaires dont l'objectif est de maximiser leur valeur, c'est à dire faire des bénéfices. C'est ainsi qu'il faut expliquer pourquoi la tva appliquée à cette activité est la même que pour toutes les autres entreprises.

En Mai 2016, la BCEAO, Banque Centrale des Etats de l'Afrique de l'Ouest annonce triomphalement qu'elle a réalisé un bénéfice de 49,4 milliards de francs Cfa. Mais, une Banque Centrale a-t-elle vocation à faire des bénéfices? Que produit elle et que vend t elle? La banque centrale supporte les charges suivantes :

- Impression des billets ;
- Main d'œuvre de gestion ;
- Amortissement d'infrastructures.

Elle a les produits suivants :

- Produits de change ;
- Produits d'intermédiation.

La banque centrale doit travailler à couvrir son seuil de rentabilité et non faire des bénéfices

En ce qui concerne la Banque Commerciale, ses produits ont deux sources: l'activité *de crédit* et *les services financiers* et autres services. La rémunération des crédits représente environ 50% des produits nets bancaires. L'activité de crédit ne suffit pas à assurer la rentabilité de la banque.

Confrontée donc à un problème d'optimisation de son résultat, le banquier relègue au second plan son activité de crédit pour développer celles qui lui procureront d'importantes commissions. Il fera ainsi la spéculation sur les marchés des capitaux, *le « trading »*, mettant souvent en péril les dépôts des épargnants. Aujourd'hui, beaucoup de banques tirent leur rentabilité d'avantage de diverses commissions qu'elles prélèvent sur des services qu'elles développent.

Il est donc clair que la recherche de la rentabilité à tous prix, détourne la banque de sa mission originelle. Elle est donc déviante. Il serait indiqué que l'Etat règlemente les commissions et fixe leur plafond.

La surliquidité observée des banques commerciales s'analyse aussi comme leur incapacité à transformer les dépôts collectés en crédits; et trouve dans l'impératif de rentabilité une justification pertinente.

La Banque Centrale peut faire des bénéfices, en faire trop est immoral!

En plus des dysfonctionnements observés, il existe d'autres techniques auto-répressives persistantes qui appellent à refonder intégralement le système bancaire en Afrique Noire Française.

Chapitre X

REFONDER LE SYSTÈME BANCAIRE NATIONAL

« A vaincre sans péril, on triomphe sans gloire »
(Corneille)

En 1979, soit dix neuf années après les indépendances, le Professeur TCHUNDJANG POUEMI mettait en évidence quatre techniques auto-répressives du système bancaire.

LA FERMETURE D'UN SYSTÈME CLOS

Il constatait d'une part, que le système bancaire national, était toujours sous la domination étrangère et n'éprouvait toujours aucun intérêt à soutenir le développement des pays africains (système clos), et d'autre part, il relevait que, par un ensemble de dispositions règlementaires l'exercice de la profession bancaire était interdite aux nationaux (fermeture) car il disait dans son ouvrage «MONNAIE SERVITUDE ET LIBERTE, la répression monétaire de l'Afrique» que: « Permettre aux africains d'entrer dans le système bancaire reviendrait à autoriser une ouverture qui pourrait étendre le crédit au secteur africain, circonstance évidemment gênante: la fermeture du système bancaire est le rempart contre le changement que la décolonisation aurait pu occasionner »

En 2008, une étude est menée par la Commission Bancaire en Afrique Centrale sous l'intitulé «EVOLUTION DE LA GEOGRAPHIE DU CAPITAL DES BANQUES DE LA CEMAC» Elle couvre le réseau bancaire de 1980 à 2005. Il en ressort les indications suivantes:

1) L'évolution en volume du capital des banques sur la période concernée est marquée par une croissance dont le taux moyen annuel est de 9,8% dans la période 1980-1988; le nombre de banques est alors passé de 25 à 37 et le capital passe alors de 28.627 millions de francs à 73.003 millions de francs. Cette croissance se stabilise au cours de la période 1989-1997; le nombre de banques chute à 30 avant de reprendre son expansion sur la période 1998-2008 avec un taux de croissance de 6,3% qui porte le capital à 168.000 millions
2) Le tableau de l'évolution des parts du capital de chaque acteur est le suivant:(en %)

	Secteur public			Secteur privé		total	
	Etat	publics nationaux	publics étrangers	nationaux	étrangers	publi	privé
1980	37,2	13,4	4,5	2,4	42,6		45
1988	38,3	10,4	6,1	9,8	35,3		45,1
1989	37,6	8,6	6,7	11,4	35,5		46,9
1997	31,4	16,1	9,5	12,5	30,5		43
1998	39,5	3,6	8,8	17,7	30,6		48,3
2005	14,7	3,3	7,8	21,7	52,6		74,3

En 1980, le capital des banques est dominée à 52,9% par le capital national qui se décompose en: privés nationaux: 2,4% et état et organismes publics nationaux: 50%; la part du capital étranger s'élève à 47,6% dont 42,6% pour les privés étrangers et 5% pour le public étranger.

Malgré la suprématie absolue du capital national, ce sont les étrangers qui détiennent la réalité des décisions, alors que la gestion mixte prescrite ne fonctionne pas bien suite à de nombreux blocages.

En 1988, la part du capital national passe à 58,6% grâce à l'accroissement de l'apport des privés nationaux (9,8%) dans un contexte économique marqué par la crise. Celle des étrangers baisse à 41,4%

En 1989, la part du capital national s'établit à 57,7%.; les privés nationaux ont accru leur participation qui passe à (11,4 %) par la création des banques privées nationales. Celle des étrangers remonte à 42,3%

En 1997, la part du capital national s'établit à 60% contre 40% aux intérêts étrangers

En 1998, la part du capital national est de 60,6%; les privés nationaux ont porté leur participation à 17,7 % par d'autres créations de banques privées nationales. La part des étrangers baisse à 39,4%.

En 2005 la part du capital national tombe à 39,7% ; la participation des privés nationaux est à son point culminant 21,7% et la part de l'état a baissé à 18%. Le capital étranger représente alors 60,3%. Le secteur bancaire est donc entre les mains des étrangers avec les conséquences graves sur l'orientation de la monnaie dans l'économie. La géographie du capital des banques montre une baisse des parts de l'état dès 1989 en application de sa décision de limiter ses participations au maximum à 20% ; Ce désengagement a profité aux intérêts étrangers qui, à partir de 2000 dominent à nouveau le capital des banques, suite à des privatisations et des liquidations. Pourtant, dès 1990, les nationaux ont fait une entrée remarquée dans ce secteur; les dispositions règlementaires assouplies leur en donnaient la possibilité. Au Cameroun, il y aura eu cinq créations de banques privées nationales. Le système s'était donc ouvert, mais pas pour longtemps.

En 2004, de nouvelles dispositions règlementaires sont prises pour encadrer la création des banques privées nationales. Il en est ainsi *du capital minimum* dont le plafond sera relevé pour dissuader les nationaux de se lancer dans l'aventure bancaire. Parallèlement, des manœuvres politiques sont déclenchées pour *l'instrumentalisation de la Commission Bancaire* à des fins de retrait des agréments bancaires à certaines banques nationales en fonction.

LE CAPITAL MINIMUM DISSUASIF

Depuis 2009, la création d'une banque est subordonnée à un capital minimum fixé à 10 milliards de francs Cfa. Créer un tour de table d'actionnaires pour réunir ce montant n'est pas aisé pour les Africains. Cette règlementation est donc essentiellement discriminatoire.

On justifie ce gonflement de capital par le fait qu'il confère à la banque une solidité de fonds propres pouvant la mettre à l'abri des conséquences des créances douteuses. Mais, ce faisant on agit sur les effets et non sur les causes de ces mauvaises créances; et, on se demande pourquoi fixer ce plafond à 10 et non 20 milliards!

Ainsi donc, après une ouverture temporaire du système bancaire aux privés nationaux, l'activité des banques leur est à nouveau fermée. Il ne leur restait plus qu'à se rabattre dans la micro finance. C'est ce qu'ils ont fait. Ceci est vrai pour le Cameroun et l'est également pour la Côte d'Ivoire.

Pourtant les zones monétaires d'Afrique de l'Ouest et d'Afrique Centrale auraient pu s'inspirer de l'exemple du NIGERIA qui a réussi à créer un secteur bancaire national fort et conquérant

En effet, ce pays anglophone voisin, par nationalisme, patriotisme et fierté, a favorisé l'éclosion des banques privées nationales par un ensemble de dispositions règlementaires limitant la participation des firmes étrangères dans le capital des banques nigérianes et prescrivant l'intervention de la Banque Centrale en cas de difficultés. C'est ainsi que plusieurs Banques nationales vont voir le jour. En 2004, celles-ci vont subir une première restructuration. En 2009, une deuxième opération de sauvetage du secteur bancaire est entreprise par la Banque Centrale grâce à une injection de 1,8Millions d'euros afin d'éviter la faillite de 5 banques; les difficultés rencontrées par ces structures étaient liées à des prêts non remboursés, utilisés pour investir soit à la bourse, soit dans le financement des achats liés au commerce du pétrole pendant la période de la flambée des cours. En 2011, la Banque Centrale prescrit une nouvelle configuration du paysage bancaire en demandant à certaines banques, la fusion ou la cession de leurs capitaux à des investisseurs intéressés, afin d'en faire de puissants outils de financement; ce patriotisme bancaire a conduit à l'émergence d'un tissu de banques nationales respectées.

Non seulement le secteur bancaire des zones BEAC et BCEAO est à nouveau fermé aux privés nationaux mais, certains de leurs Etats s'emploient, pour des raisons politiques, à faire disparaître les dernières banques privées nationales qui subsistent, en instrumentalisant leurs Commissions Bancaires.

LA TENTATIVE D'INSTRUMENTALISATION DE LA COMMISSION BANCAIRE

La création des Commissions Bancaires en Afrique Centrale et en Afrique de l'Ouest, obéissait à l'objectif louable de contrôler les banques commerciales et de les amener, ainsi, à respecter les dispositifs règlementaires et prudentiels.

Dans ces zones monétaires, le fonctionnement d'une banque est subordonné à trois conditions de l'Autorité Monétaire :

- un agrément pour l'établissement ;
- un agrément pour les Directeurs Généraux ;
- un avis conforme de la Commission Bancaire (COBAC).

Dotée de pouvoirs exorbitants de validation et de retrait des agréments, la COBAC, structure de contrôle, est quelques fois utilisée à des fins non avouées, malgré son indépendance. Deux exemples camerounais en témoignent:

LE CAS AMITY BANK AU CAMEROUN

AMITY BANK est un Etablissement de crédit agréé en Mars 1991 avec un capital de 1 milliard de francs CFA.

En Mai 1998, son réseau était constitué de quatre agences et son total de bilan était de vingt milliards de francs.

Mise sous administration provisoire par la COBAC en 2006, suite à des écarts de gestion relevés, elle a été finalement vendue à BANQUE ATLANTIQUE, une banque ivoirienne, à la suite de négociations avec le gouvernement camerounais.

Cette vente demeure contestée par les actionnaires de cet établissement au motif que toutes les voies pour relever cet établissement bancaire n'ont pas été exploitées.

Ceux-ci ont donc saisi le tribunal arbitral de la CEMAC à NDJAMENA pour l'annulation de cette vente.

Cette juridiction supranationale leur donne raison et rend une décision d'annulation de la vente.

L'Etat camerounais ne s'exécute pas et maintient sa position.

Certains observateurs locaux et étrangers sont persuadés qu'en ignorant la sentence judiciaire, l'Etat obéissait à des motivations politiques.

La géographie de l'actionnariat de la BANQUE ATLANTIQUE CAMEROUN (BACM) montre, en effet, deux groupes d'actionnaires:

- un actionnaire principal: ATLANTIQUE FINANCIAL GROUP regroupant les capitaux ivoiriens
- un second groupe composé d'intérêts camerounais

Les actionnaires de la partie camerounaise sont des élites originaires d'une certaine aire géographique du Cameroun à qui, le rachat d'AMITY BANK offrait l'opportunité de prendre pied dans le monde de la finance.

Or, l'actionnariat initial d'AMITY BANK est formé quant à lui, de personnes originaires d'un autre espace géographique du Cameroun dont on vante la force de travail.

En faisant fi des décisions du tribunal arbitral, l'Etat et la COBAC ne pouvaient pas ignorer la lecture politique qui serait faite de cet acte.

Pourtant, l'organe de contrôle de la zone monétaire d'Afrique Centrale disposait d'un rapport défavorable de son homologue de l'UEMOA sur la BANQUE ATLANTIQUE qui aurait dû la dissuader de solliciter l'aval de l'Etat pour la vente d'AMITY BANK à cette structure.

Toutes ces observations justifient la forte présomption d'instrumentalisation de la COBAC à des fins politiques. Par ailleurs, le Ministre des finances de l'époque avait poussé l'Etat au rachat des créances douteuses de cette banque. D'importantes sommes avaient alors été déboursées; ces créances n'ayant jamais été remises à l'Etat, ce ministre est poursuivi en justice.

Le cas CBC Bank au Cameroun

Créée en 1997 la COMMERCIAL BANK CAMEROUN est un Etablissement de crédit dont le propriétaire est Monsieur FOTSO VICTOR, homme d'affaires réputé dont le Groupe est très présent dans les secteurs industriels et commerciaux et financiers.

Son capital est de 7 milliards de francs et est détenu par :

- les Camerounais 71,2% dont le groupe FOTSO ;
- Les investisseurs étrangers: 28,8% dont DEG avec 15%.

Elle est mise sous administration provisoire en 2009 par la COBAC pour non respect des normes prudentielles, suite à d'importantes créances douteuses passées en provisions.

L'administration provisoire a duré 7 ans. Plusieurs solutions auront été explorées pour améliorer la situation de la banque.

Ses principaux actionnaires proposent à l'Etat des partenaires de leur choix pouvant les aider dans leurs actions de recapitalisation. Leur proposition n'est pas acceptée.

Ses principaux débiteurs passent un concordat de restructuration de leurs dettes avec l'administrateur provisoire. Par cet artifice, les actionnaires espèrent alors que les créances douteuses seraient transformées en créances immobilisées et qu'en conséquence les provisions constituées pour la cause feraient l'objet d'une reprise. Ils essuient également un échec car, l'administrateur provisoire estime que cette reprise ne peut se faire qu'au fur et à mesure des paiements des échéances du concordat.

Le 9 décembre 2013, une Assemblée Générale de la banque a lieu à son siège à Douala; les représentants des principaux actionnaires en sont expulsés manu militari par l'administrateur provisoire au motif que leurs actions sont mises sous séquestre par l'autorité monétaire et qu'ils ont perdu leur qualité d'actionnaires et ne font plus partie de cette banque.

Le 12 décembre 2013, l'actionnaire majoritaire réagit à travers les journaux contre la volonté affichée par l'Etat camerounais de faire main basse sur ses actions sans volonté de compensation.

Le même jour, les avocats des actionnaires majoritaires qui les représentaient lors de l'assemblée générale du 9 décembre, saisissent par écrit le Ministre des Finances et l'informent de leur intention de porter l'affaire devant le

CENTRE INTERNATIONAL POUR LE REGLEMENT DES DIFFERENDS RELATIFS AUX INVESTISSEMENTS (CIRDI), tribunal arbitral placé sous la houlette du FMI.

Ce scenario pourrait constituer un cas à étudier dans les grandes écoles et les universités.

Si la mise sous administration provisoire de CBC est justifiée, on peut cependant regretter sa durée exceptionnelle qui viole les règles en la matière et qui lui laisse la latitude de spolier en toute impunité l'institution qu'elle est sensée redresser.

La banque a pourtant continué de fonctionner normalement sans apport de nouveaux capitaux. Ceci constituait la preuve en soi que cette banque n'était pas aussi malade que l'autorité de contrôle le prétendait

Il est difficile d'expliquer les rejets successifs non motivés par l'autorité de tutelle des partenaires solides proposés par les actionnaires pour la recapitalisation de la banque

Il est également difficile de justifier la mise sous séquestre des actions des actionnaires majoritaires et la décision tardive de recapitalisation survenue le 16 Décembre 2013

On s'interroge enfin, sur les motivations de la promotion de l'administrateur provisoire aux fonctions de Directeur Général de cette même banque.

Comment comprendre les déclarations tonitruantes du Ministre des finances, à cette époque, qui déplorait l'omniprésence des originaires d'une même tribu dans le secteur bancaire?

Voilà autant d'observations qui ont jeté le doute sur l'impartialité de l'autorité monétaire accusée, à tort ou à raison, de manœuvre politique tendant à faire disparaître des banques dont les promoteurs sont originaires d'une certaine région du Cameroun, au nom d'une raison d'Etat non clarifiée. Elle utiliserait, pour ce faire, la COBAC comme instrument.

La Commission Bancaire qui est le gendarme des banques, devrait donc être confinée dans un rôle purement technique et ne devrait pas être dotée de pouvoirs exorbitants comme relevé plus haut.

En outre, la saisine des tribunaux ad hoc par les actionnaires, dans le cadre de ces deux affaires, jette un discrédit sur l'Etat camerounais qui ne peut plus être considéré comme un bon risque par les investisseurs étrangers au regard du peu de considération qu'il accorde aux décisions de justice.

Au Cameroun les banques privées nationales ne représentent plus que 15% du système bancaire. Il est urgent de rouvrir le système bancaire aux capitaux privés nationaux par l'assouplissement de la règlementation en matière de création de banque, d'une part, et par la baisse du capital minimum exigé d'autre part.

Il faut s'inspirer du nationalisme et du patriotisme bancaire du Nigéria.

L'AUTOFINANCEMENT

L'autofinancement est la méthode qui consiste, pour l'entreprise, à recourir de manière préférentielle à ses ressources propres pour se développer. Le Professeur TCHUNDJANG POUEMI dénonçait cette pratique qui « Ferme aux africains le débouché ultime de l'épargne, la propriété du capital financier, quel que soit l'effort d'épargne qu'ils peuvent consentir, en même temps qu'il soutient par la hausse des prix la prospérité des firmes étrangères. On comprend le danger que comporte l'encouragement à l'autofinancement préconisé par certains experts, la banque mondiale en tête. .» Nous avons vu plus haut que ce choix pouvait provenir du coût élevé du crédit.

Il convient de relever que les institutions bancaires elles mêmes recommandent souvent le recours à l'autofinancement en se fixant des niveaux d'autonomie financière à respecter par l'entreprise. Le taux minimum fixé par la banque centrale est de 20%. Ce dogme est toujours enseigné et résiste au temps.

LE CONTRÔLE DES PRIX

Pour le Professeur, le contrôle des prix en tant que moyen de lutte contre l'inflation est « inefficace et développe la corruption ; la hausse des prix n'étant que la manifestation de l'inflation, non sa cause. La cause de l'inflation c'est la monnaie, soit qu'il y en ait trop, soit qu'elle ait été mal orientée (on fait du crédit à des gens qui ne produisent pas). »

Actuellement, l'Etat continue à pratiquer le contrôle des prix parce qu'il y a des commerçants véreux qui organisent la pénurie pour favoriser son augmentation. Il cesse alors de jouer son rôle de thermomètre du marché. Sa régulation doit se faire par une politique d'offre ou de demande. Soit on encourage les entreprises qui ont de la capacité, à accroître leur production en diminuant certaines de leurs charges fiscales, financières, et de main d'œuvre, soit on prend des dispositions fiscales et salariales pour jouer sur le pouvoir d'achat global des consommateurs.

A ces quatre techniques auto-répressives du système bancaire mises en évidence par l'éminent Enseignant, se sont ajoutées de nouvelles, aujourd'hui.

L'ACCORD DE CLASSEMENT

Institué dans les années 1990 dans l'UMOA (Union Monétaire Ouest Africaine), l'accord de classement constitue un instrument de contrôle à postériori de la qualité du portefeuille des banques et établissements financiers. Seules les entreprises bénéficiant de l'accord de classement de leur banque centrale sont susceptibles d'être financées par les banques commerciales.

Les techniques de l'accord de classement sont les suivantes :

Le dossier de demande

Le dossier de demande d'un accord de classement pour les petites entreprises comporte :

- Les états certifiés des trois derniers exercices par un commissaire aux comptes ou à défaut établis ou édités par un expert comptable ou comptable agréé pour les entreprises non assujetties au commissariat aux comptes ;
- Les résolutions de l'assemblée générale ayant approuvé les comptes et rapport du commissaire aux comptes ;
- Le plan de trésorerie pour les douze prochains mois pour les cas de crédit à court terme et tableau d'amortissement des prêts à log et moyen termes ;

- Les états financiers prévisionnels sur trois prochaines années pour les cas de crédit à long et moyen terme.

Les critères d'examen des dossiers

Deux groupes de ratios financiers fondent l'examen des dossiers de demande d'accord de classement; les ratios de décision qui fondent l'accord ou le rejet de la demande, les ratios d'observation utilisés le cas échéant pour appuyer éventuellement des recommandations

Les ratios de décision

Ils sont au nombre de quatre :

- L'autonomie financière : 20% ;
- La capacité de remboursement : 4ans ;
- La rentabilité : positive ;
- La liquidité générale : supérieure à 1.

Les ratios d'observation

Ils sont également au nombre de quatre:

- La rotation des stocks ;
- Le délai client ;
- Le délai fournisseur ;
- L'équilibre financier.

Les procédures de décision

Les normes qui fondent la décision d'accord de classement dépendent de la taille de l'entreprise conformément aux critères de l'OHADA

HYPOTHESE 1 : respect des 4 critères de décision, l'accord de classement et délivré

HYPOTHESE 2 : non-respect de la norme de l'autonomie financière

- S'il n'existe pas de comptes courants associés, l'accord de classement est refusé
- S'il existe des comptes courants associés

Lorsque le ratio d'autonomie financière est positif et que les trois autres normes sont respectées; un accord de classement peut être octroyé si en intégrant le compte courant associé la norme de 20% est atteinte

L'établissement financier qui bénéficie de l'accord de classement de la BCEAO ou de la BEAC, peut donc être apaisé sur la bonne qualité de son financement..

Dans les règlements, chaque établissement de crédit est tenu de respecter un rapport minimal de 60% entre ses crédits bénéficiant d'un accord de classement et l'en cours total de ses crédits bruts.

Les règles sont claires et les critères de décision transparents.

Le problème est que le banquier doit s'astreindre, pour une demande de crédit, à présenter un dossier de demande d'accord de classement à la Banque Centrale. Cela fait beaucoup de dossiers pour un crédit dont le montant n'est pas souvent élevé. Pour un impératif de rentabilité, il renoncera donc à financer la PME nationale.

Par ailleurs, l'accord de classement est perçu comme un instrument discriminatoire dès lors qu'il dépend du bon vouloir de la Banque Centrale et que sa réponse négative n'est pas motivée.

Découragées, les banques renoncent à financer les entreprises nationales; car ces dernières constituent la catégorie d'entreprises pour lesquelles les accords de classement sont faiblement délivrés.

Et on peut donc constater que malgré la présence timide des nationaux dans le système bancaire, l'agriculteur n'est toujours pas financé (42% des banques sont concentrées en zone urbaine) les entreprises nationales non plus. Le financement des grandes entreprises est apprécié des banques à cause de leur style de gestion et parce qu'elles sont parrainées par les grands groupes internationaux dont elles sont les filiales.

La surliquidité observée des banques serait également liée à cette prudence des banques générée par l'impossibilité d'obtenir l'accord de classement. .

Le système bancaire en Afrique Noire Française doit donc être refondé en s'inspirant par exemple du nationalisme bancaire nigérian qui protège les banques créées par les nationaux et suscite leur regroupement en cas de difficulté.

.

Chapitre XI

CONQUÉRIR LA SOUVERAINETÉ MONÉTAIRE

« Une monnaie indépendante n'est pas seulement possible,
elle est indispensable à une politique économique
qui se voudrait nationale. »
Professeur TCHUNDJANG POUEMI

LA DÉPENDANCE MONÉTAIRE DE L'AFRIQUE NOIRE FRANÇAISE

Créé le 26 décembre 1945, au lendemain de la guerre par le Général de Gaulle, le Franc des Colonies Françaises d'Afrique s'offrait pour objectif d'accélérer la ponction des matières premières et agricoles des colonies; grâce à *une parité fixe* par rapport au franc français, au *libre transfert* des capitaux de l'Afrique vers la France., et à la *libre convertibilité* du franc CFA en franc français.

Le rêve du Général est alors celui de mettre sur pied une grande communauté française incluant la France et ses colonies.

La décolonisation politique sonnera le glas de sa vision communautaire; mais le franc Cfa survivra. Car, dans un sursaut de sauvegarde de son empire, la France créera la zone monétaire appelée *«zone franc»* par le biais des conventions de *coopération monétaire* qu'elle signera avec ses anciennes colonies soigneusement regroupées au sein des découpages régionaux. Ainsi naît la dépendance monétaire de l'Afrique Noire vis-à-vis de la métropole.

Dans son ouvrage intitulé *Le franc CFA et l'euro contre l'Afrique*, le professeur AGBOHOU affirme que le Franc CFA est un instrument de mise en œuvre du pacte colonial qui plombe les économies des pays qui l'utilisent et y entretient la pauvreté.

RETOUR SUR L'HISTOIRE DE LA MONNAIE

Pour comprendre cette dépendance monétaire, il faut d'abord savoir ce qu'est une monnaie et son utilité. Un retour sur l'histoire de ce bien est nécessaire..

Aristote disait qu'« il n'y a pas de communauté sans échanges, pas d'échanges sans égalité et pas d'égalité sans commensurabilité. ». Il définissait alors la monnaie par sa triple fonction « d'instrument de paiement, d'unité de compte, et de réserves de valeurs».

La monnaie a été d'abord une unité de compte

Dans un environnement non monétaire, les échanges de biens, dans une communauté, se faisaient par le troc, c'est-à-dire un échange de bien contre bien sur une base d'égalité. Mais plus les biens augmentaient en nombre, plus les échanges se compliquaient. Il fallait donc introduire un *bien unique* de référence qui permettrait d'évaluer tous les autres biens; ceci a permis de réduire le nombre de possibilité de transactions. Ce bien unique appelé *numéraire* était d'abord *une unité de compte* parce qu'il servait à faire les comptes. Il s'est présenté sous plusieurs formes avec le temps: métallique sous l'antiquité, papier à la fin du 17°siècle; scripturale dès le début du 18°siècle. Ces trois formes coexistent à ce jour.

La monnaie est devenue ensuite un instrument de paiement

D'unité de compte, ce bien est devenu un instrument de paiement; c'est-à-dire qu'on peut le donner pour acquérir un autre bien ou pour régler une dette; ceci ne pouvait se faire que si sa valeur est garantie par le roi. Cette garantie se matérialise par l'apposition du sceau du souverain sur la pièce métallique, ce qui lui confère un caractère fiduciaire et libératoire: on ne peut pas la refuser en règlement d'une dette.

La monnaie est un instrument de souveraineté

De l'antiquité au 19° siècle, le souverain. est le seul à fabriquer la monnaie (*battre monnaie*). C'est ce qui fait dire que *battre monnaie est un acte de souveraineté*. On appelle ce fait, *le droit de seigneuriage*. Cette mission est, de nos jours, dévolue à la banque centrale dont le gouverneur est investi de larges pouvoirs en la matière. La monnaie ainsi fabriquée sert d'instrument de paiement dans le territoire du souverain; *la monnaie est donc d'utilisation nationale*

La monnaie est un instrument de réserve des valeurs

Lorsque les membres d'une communauté ont passé le stade de la consommation et ont éprouvé le besoin de garder une partie de leur production, ils le font sous forme d'épargne par la monnaie. Cet instrument de paiement est donc devenu celui de *réserve de valeurs*.

La création de la banque centrale en Angleterre et l'évolution de la forme de la monnaie: du métal au billet

Jusqu'au 16°siècle, certaines personnes ayant beaucoup de pièces métalliques, dont le roi lui même, en confient la garde à des orfèvres; ces derniers leur délivrent en retour des *certificats de dépôt*. C'est du papier que les détenteurs utilisent d'abord comme garantie de leurs créances sur l'orfèvre; puis ces certificats se mettent à circuler par endossement.

Au cours du 17°siècle, la banque d'Angleterre, première banque centrale, est créée; Elle devient «l'orfèvre principal» de l'Etat. Elle remet à ses créanciers dont le roi, des *billets* semblables aux certificats des dépôts des orfèvres. Ceux-ci se mettent également à circuler. La banque centrale d'Angleterre ayant constaté que les détenteurs de billets ne venaient pas tous réclamer leur conversion en métal (or) au même moment, a l'idée d'émettre plus de billets qu'elle n'a de métal dans ses coffres; créant ainsi au profit du roi des billets supplémentaires adossés sur une simple ligne ***«crédit»*** dans ses livres. Ces billets n'ont pas encore de caractère fiduciaire et libératoire. Ce n'est qu'au 18° siècle que le roi, par la *restriction act,* donne aux billets son caractère fiduciaire et libératoire (*high powered money*). La monnaie papier est ainsi créée.

La naissance de la banque commerciale et la nouvelle évolution de forme vers la monnaie scripturale

Au 19° siècle, les orfèvres continuent toujours de travailler. Les déposants leur confient désormais le métal (or) et les billets de la banque centrale. Ils sont remis dans un compte qu'ils pourront utiliser pour leurs transactions ; le banquier l'appelle aujourd'hui *compte courant*. Les orfèvres leur délivrent des récépissés des dépôts qui seront transformés en un carnet à plusieurs feuillets divisibles utilisables au fur et à mesure des besoins; c'est le chèque qui se généralise.

Puis les orfèvres, constatant, à l'instar de la banque centrale, que les déposants ne viennent pas réclamer la totalité de leurs dépôts au même moment, peuvent se permettre de donner des billets aux déposants au delà de leurs en caisses; c'est le crédit de consommation alors, le banquier va inscrire dans ses livres les dettes du client (débit) et va remettre les billets dans son compte courant (crédit). . L'orfèvre est donc devenu un banquier commercial. Et, cette opération constitue la création de la « monnaie scripturale ».

Le bilan de l'orfèvre se présente ainsi qu'il suit: A l'actif, on a: les billets+ le métal + le crédit: et au passif on a la totalité des montants créditeurs des comptes courants qu'on appelle « dépôts à vue ». La monnaie écriture n'a ni un caractère fiduciaire, ni un caractère libératoire. On peut la refuser en règlement d'une dette.

Le système bancaire : banque centrale et banques commerciales

Les orfèvres étant devenues des banques commerciales, le système bancaire se compose alors de la banque centrale et de toutes les banques commerciales

La consolidation des bilans de la banque centrale et des banques commerciales conduit au résultat suivant: à l'actif, on a: le métal + les crédits; au passif, on a: les billets+ les dépôts à vue.

En économie, on appelle le métal (or), ***réserve,*** les billets sont appelés M1 et les dépôts à vue M2;

Le bilan consolidé démontre donc que la masse monétaire en circulation dans le système s'exprime donc de deux manières, soit par la somme M1+M2, soit par la somme des réserves+ les crédits à l'économie.

Au regard de la deuxième expression, la monnaie c'est la somme des réserves et des crédits.

La notion de réserves

Les réserves ce sont tous biens (métal ou autres) contre lequel tout détenteur de billet peut échanger son billet. C'était l'or; cela peut être des biens miniers par exemple. Historiquement la réserve en métal est une contrepartie à la monnaie à cause de la convertibilité; mais ce qui est vrai c'est que depuis la restriction act mettant fin à la convertibilité du billet en or, la réserve est devenue tout simplement une garantie à la circulation monétaire interne. On peut donc dire que la masse monétaire dans un pays est composée des crédits seuls. Il en résulte donc que la monnaie est « une créance à vue sur le système bancaire ». Or le crédit étant une simple écriture; la monnaie est donc « un bien vide » qui se remplit par la production qu'elle va stimuler.

Les prix de la monnaie

La monnaie est un bien qui a plusieurs prix :

- le prix de la monnaie en monnaie: 1franc=1franc ;
- le taux d'intérêt sur le marché monétaire ;
- le taux de change: son prix d'acquisition par les autres monnaies sur le marché des changes ;
- le rapport de la masse monétaire M à l'indice des prix P: M/P; c'est la quantité de biens que la monnaie peut permettre d'acquérir.

Ces prix sont gérés par la banque centrale.

Résumons ce qui précède en grands principes pour préparer notre regard sur le franc CFA :

1. La monnaie n'est un instrument de paiement que si elle est revêtue du sceau de la souveraineté par l'Etat qui en garantit la valeur ;
2. la forme de la monnaie, avant le 18°siècle, est *métallique*; elle a évolué *en monnaie papier* au cours du 18° siècle .grâce à la restriction act permettant à la banque centrale d'Angleterre d'émettre des billets ayant un caractère fiduciaire et un caractère libératoire. Au 19° siècle apparaissent les *monnaies scripturales* émises par les banques commerciales; elles ne sont ni fiduciaires ni libératoires ;
3. A l'intérieur d'un pays, la monnaie tire son origine des crédits faits par le système bancaire: c'est donc une *créance à vue sur le système bancaire*. Elle est créée à partir de rien; *c'est un bien vide* qui se remplit par la production ;
4. Les réserves ne sont pas de la monnaie; elles ne la garantissent plus; elles en résultent ;
5. La quantité de monnaie se calcule comme la somme des réserves et des crédits à l'état (banque centrale) et des crédits à la consommation (banques commerciales) ;
6. Les réserves et les crédits à l'état sont gérés par la banque centrale et les crédits à la consommation sont gérés par les banques commerciales ;
7. Les prix de la monnaie sont gérés par la banque centrale.

A l'issue de cet exposé historique, on conclut que pour qu'un bien soit un instrument de paiement réel, il faut que ces principes soient tous respectés

LE FRANC CFA AU SCANNER DE CES GRANDS PRINCIPES

Le principe relatif à la souveraineté

La monnaie est un instrument de paiement émis par un souverain qui en garantit la valeur et lui confère la force libératoire.

C'est la France qui émet et garantit la valeur du franc Cfa.

Le principe relatif à l'émission des billets

La Banque Centrale d'un pays est l'unique émetteur de la monnaie fiduciaire).

Le franc Cfa est émis, en France, à Clermont Ferrand. La Banque de France fixe la quantité de monnaie en circulation dans les zones monétaires CFA.

Le principe relatif à la gestion des réserves

Les réserves ne garantissent pas la monnaie; elles en résultent. Elles sont gérées par la banque centrale du pays

On constate qu'une grande part des réserves des pays africains est actuellement logée dans un compte d'opérations ouvert dans les livres du trésor français, en contrepartie d'une garantie illimitée que la France donne au franc CFA. Nous en verrons le fonctionnement plus loin.

Le principe de l'unicité de gestion de la monnaie par la banque centrale

Dans un pays, la Banque Centrale est l'unique producteur de la monnaie fiduciaire ; elle ne dépend hiérarchiquement d'aucune autre structure. Elle gère la masse monétaire.

En 1972, soit douze années après les indépendances, pour des raisons de domination impériale, la France a doté chaque aire géographique d'une Banque Centrale Commune. La BCEAO et la BEAC sont ainsi créées. Elles sont placées sous le trésor français, cas unique au monde, et sont contrôlées par le biais de la présence majoritaire française au sein de leur conseil d'administration dont les décisions se prennent *à l'unanimité.* Leur politique monétaire est donc faite par la France qui fixe le niveau des activités dans l'ensemble de la zone franc. Les taux d'intérêt et de change, le *rapport M/P* qui définit le pouvoir d'achat de la monnaie à un instant doivent être approuvés par la métropole.

Au regard des grands principes examinés, le Franc Cfa est une monnaie française et non africaine. *C'est une monnaie coloniale*. Examinons comment la France la manipule, à sa convenance, au gré de ses intérêts.

LA DÉVALUATION, L'ARME DE DESTRUCTION MASSIVE DE LA FRANCE CONTRE L'AFRIQUE

La monnaie a une vocation nationale. Le problème se pose, cependant, lorsqu'il faut échanger avec l'extérieur. Pendant un certain temps, on a eu un étalon unique, l'or. Sa quantité déterminait les valeurs des monnaies qui lui étaient indexées. La valeur relative de 2 monnaies était donc établie. C'est la *valeur de change.* Dans un système où la quantité d'or est constante, le régime de change est fixe. Mais quand les monnaies ont cessé d'être indexées sur l'étalon or, le change est devenu flottant. Il appartient donc à la Banque Centrale de gérer le change. C'est elle qui doit en principe *fixer la valeur* de son numéraire par rapport aux autres monnaies. Elle peut décréter la baisse de la valeur, c'est la *dévaluation*, comme elle peut décréter sa hausse, c'est la *réévaluation*

Depuis sa création, le franc Cfa a subi cinq aménagements de parité par rapport au franc français.

20 décembre 1945 : 1 FCFA = 1,70 FF

En 1945, la France sort d'une longue guerre et a besoin de se reconstruire. Pour ce faire, le plan Marshall est alors adopté. Le Général de Gaulle qui est un nationaliste sourcilleux et prudent, table d'abord sur les colonies pour redresser l'économie française. Celles-ci sont pourvoyeuses de matières premières. Il sait que la reconstruction exige tout de même d'importants capitaux; il va donc s'employer à attirer en France les bénéfices réalisées par les entreprises coloniales. En fait, il dit aux colons, enrichissez vous dans les colonies, transférez vos avoirs dans la métropole et ils seront multipliés par 1,7 et vous pourrez par ce biais acheter des actifs en France et les réhabiliter. Il reconnaissait par cette parité que la production dans les colonies était supérieure à celle de la France libre et il entendait favoriser l'enrichissement des colons d'une part et le drainage des capitaux, d'autre part.

17 Octobre 1948 : 1 FCFA = 2 FF

Le franc CFA se renforce d'avantage par rapport au franc français avec les mêmes objectifs cités plus haut; les exploitations se dynamisent d'avantage.

01 Janvier 1960 : 1 FCFA = 0,02 FF

En 1960 l'heure de la décolonisation de l'Afrique Noire Française a sonné. Les colons vont abandonner leurs exploitations pour retrouver la métropole. La France a, en quinze années, retrouvé ses capacités productives. Sa production va être supérieure à celle des colonies. De Gaulle opère une réévaluation du franc français; ce qui entraîne de facto une dévaluation mécanique du franc CFA. Par ce biais la France peut, avec sa monnaie, acheter d'avantage de matières premières pour ses entreprises.

12 Janvier 1994 : 1 FCFA = 0,01 FF (dévaluation)

Cette dévaluation du franc CFA par rapport au franc français est une surprise. Elle est décidée unilatéralement par la France, sous la pression des institutions de Bretton Woods. Pourtant, le doyen des Chefs d'Etat africains, l'ivoirien Houphouet Boigny s'y opposait de toutes ses forces; il fallut attendre sa mort pour procéder à ce réaménagement. Ceci constitue encore une preuve d'absence de souveraineté. On connaît les conséquences négatives de cette dévaluation sur le plan économique et social!

Depuis l'avènement de l'EURO : 1 euro = 655,95 FCFA

Les pays africains «indépendants» n'ont pas été consultés lors de la dévaluation de 1994. La France l'a imposée conformément à ses propres intérêts; tout comme elle l'a fait pour l'arrimage du franc Cfa à l'euro. On verra plus loin pourquoi elle a été acceptée par les autres pays européens.

On le voit, chaque fois que l'économie française est en difficulté et que ses entreprises ne sont plus compétitives, il faut dévaluer le Franc Cfa pour leur permettre d'acquérir des intrants en provenance d'Afrique à bas prix. On peut dès maintenant relever que la balance des paiements des pays de l'Afrique Noire Française ne s'est pas améliorée après la dévaluation de 1994; par contre, le remboursement de la dette s'est trouvé d'avantage alourdi. Ainsi s'explique aussi l'accroissement de la pauvreté dans ces pays. C'est ce qui fait dire que la dévaluation du franc Cfa est une arme de destruction massive de l'Afrique.

La BCEAO et la BEAC considérées dans le texte fondateur comme *«établissements multinationaux africains»* ne gèrent pas le franc Cfa. L'Afrique Noire Française n'a donc pas de souveraineté monétaire.

Pour ceux qui en douteraient, nous allons, pour mieux comprendre ce fait, examiner les accords de coopération monétaire qui lient la France à son pré carré

LES ACCORDS DE COOPÉRATION MONÉTAIRE

La convention de coopération monétaire signée en 1972 dispose en son article 2 que : « La convention de coopération monétaire est fondée sur la garantie illimitée donnée par la France à la monnaie émise par la banque et sur le dépôt auprès du trésor français de tout ou partie des réserves de change…». Par ailleurs, en son article 9, elle parle de *«la garantie des avoirs déposés dans le compte d'opérations contre une dépréciation de l'euro»*

En clair, la France donne sa garantie illimitée au franc Cfa et aux réserves de change déposées dans le compte d'opérations par les pays africains contre leurs dépréciations. Que l'on se comprenne: le franc Cfa c'est de la monnaie et les réserves sont des biens libellés en euros. Garantir la monnaie c'est maintenir sa valeur; or la

France l'a déjà dévaluée en 1994; la garantie illimitée proclamée est donc fausse. On ne peut pas proclamer quelque chose et faire le contraire ! La vérité est que l'économie française, à bout de souffle, n'avait aucune possibilité de compenser une baisse de la valeur l'euro. La pratique en cours dans les banques centrales africaines tendant à lier la valeur de la monnaie à la quantité de réserves du compte d'opération relève d'une théorie artificiellement orientée. Ceci était possible avant 1914. Le Professeur TCHUNDJANG POUEMI affirmait: « Avant 1914, la quantité d'or détenu par chaque état garantit cette fois effectivement la monnaie puisque tout détenteur de monnaie nationale a le droit d'en demander la conversion en or à tout moment. La convertibilité or est totale. » Toutefois, depuis 1971, date à laquelle les Etats Unis ont mis fin à la convertibilité du dollar en or, les réserves ont cessé de garantir les monnaies nationales. *La France feint de l'ignorer et va justifier des dévaluations qu'elle impose à son empire africain par la baisse drastique des réserves de change.*

Les articles 2 et 9 n'existent donc que pour consacrer la main mise de la France sur les réserves africaines. Celles-ci lui permettent de continuer à se maintenir parmi les puissances de ce monde.

LE COMPTE D'OPÉRATIONS ET SON FONCTIONNEMENT

L'architecture de la zone franc repose sur le fait que les systèmes bancaires des pays africains francophones, zones BEAC et BCEAO, sont placés sous le trésor français. Cette architecture consacre la dépendance monétaire de l'Afrique francophone. Ces banques centrales entretiennent auprès du trésor français un compte appelé *«compte d'opérations»*, dans lequel elles versent tout ou partie des devises issues de leurs exportations. La conception de la zone franc est unique au monde. Le trésor français est donc un intermédiaire monétaire. Le compte d'opération ne peut pas être débiteur. Tout cela fait du franc Cfa *une monnaie coloniale*.

En comparaison, dans la zone sterling qui n'existe plus aujourd'hui, et qui regroupait les anciennes colonies anglophones, les banques centrales étaient rattachées à la banque centrale de sa majesté et leurs réserves y étaient déposées; leurs monnaies avaient également une parité fixe avec celle d'Angleterre qui en faisaient des monnaies *satellite*. Chaque pays membre gérait ses réserves et sa monnaie en toute *indépendance*. Cette zone a cessé de fonctionner. La zone escudo regroupant les anciennes colonies portugaises, formée sur le même modèle que la zone sterling, continue de fonctionner.

Voici le fonctionnement du compte d'opérations.

Schématiquement, les pays africains membres de la même banque centrale sont comme des partenaires d'une mutuelle qui ont l'obligation de verser aujourd'hui, un pourcentage fixé (50%) du fruit de leurs avoirs extérieurs dans un compte ouvert à cette fin auprès du trésor français. Ils gardent par devers eux les 50% restants; si ce qu'ils ont par devers eux ne suffit pas à couvrir leur besoin en importation, ils vont emprunter à court terme, dans le compte commun, à concurrence de 20% du montant de leur budget. Le montant conservé dans le compte d'opérations servirait à couvrir cet emprunt. C'est donc un *cash collatéral* ou *garantie par dépôts* selon la terminologie des banquiers. La garantie d'un emprunt par des dépôts existe bien en banque. Mais le trésor n'est pas une banque! L'article3 de la convention du compte d'opérations stipule tout de même que: «*la banque centrale commune versera dans ce compte les avoirs extérieurs qu'elle pourra se constituer* » Les réserves de changes (devises) y sont centralisées, *en euros.*

On peut constater que, malgré l'avènement de l'euro, l'architecture de la zone franc n'a pas changé. C'est parce que ce maintien est d'importance capitale pour la France. Pour le comprendre, examinons les raisons de la domiciliation de ces réserves auprès du trésor français.

Les raisons de la domiciliation des réserves au trésor français

Première raison: Le trésor d'un pays est le lieu de la maîtrise de son budget. Pour couvrir son déficit budgétaire, il est obligé de s'endetter à l'intérieur ou à l'extérieur. Le trésor français utilise les réserves africaines pour résoudre les problèmes de déficit budgétaire de la France. *Ce type d'endettement ne coûte rien.* Le service de la dette est dans ce cas réduit. Les pays partenaires de la France dans la zone euro le savent.

Deuxième raison: Les exportations des pays d'Afrique Noire Française vers la métropole constituent environ 75% de leur commerce extérieur. Or par ce mécanisme, la France *ne sort que 50% des devises de ses coffres pour les payer.* La France pille donc l'Afrique francophone subsaharienne impunément

Troisième raison: Les réserves africaines oisives libellées en euros dans les livres du trésor, sont placées sur la place financière et rapportent de l'argent à la France.

Pendant ce temps les pays africains francophones doivent s'endetter auprès de ce même trésor pour réaliser leurs investissements, tombant dans le cercle vicieux d'appauvrissement dans lequel ils sont enfermés.

Si on compare les niveaux de développement des anciennes colonies anglophones à ceux des ex-colonies françaises, on constate que les premières sont de loin plus développées que les secondes. L'explication réside dans le fait que les premières ont leur monnaie nationale indépendante et les secondes utilisent une monnaie coloniale.

EN GUISE DE CONCLUSION

Le franc Cfa est une monnaie qui maintient les pays utilisateurs dans l'asservissement

Emis par la France qui exerce ainsi le droit de seigneuriage, doté d'une parité fixe avec le franc français hier, et avec l'euro aujourd'hui, le franc Cfa en circulation actuellement en Afrique Noire, c'est l'euro tout simplement; tout comme c'était le franc français, hier. Cette évidence permet de conclure que l'Afrique Noire et la France ne constituent qu'une seule et même communauté. Le Général De Gaulle voulait la construction de la communauté française, au lendemain de la guerre, mais il avait essuyé un échec politique grâce à certains pères des indépendances qui étaient opposés à ce projet. Alors cette monnaie a été inventée de manière machiavélique par le Chef d'Etat français pour maintenir les pays africains dans les liens de la dépendance. Par le franc Cfa, De Gaulle a obtenu un succès qu'il n'a pas pu obtenir politiquement: maintenir les pays africains francophones en une seule communauté avec la France; ceux-ci ne sont donc que des régions françaises à la tête desquelles trônent des *Présidents de région* appelés pudiquement «Présidents de la République». Ils ont peur d'avouer ce fait à leurs peuples à qui ils donnent l'illusion d'une indépendance totale. «*Les Etats n'ont pas d'amis, ils n'ont que des intérêts*» disait le Général.

Le franc Cfa est un instrument de paiement qui maintient le pacte colonial

On a vu plus haut comment le compte d'opérations permet de délester l'Afrique Noire française de ses réserves minières et agricoles sans bourse délier. La parité fixe du franc CFA avec l'euro contribue, quant à elle, à orienter les échanges africains vers les pays européens.. C'est le *drainage*. Voilà pourquoi le professeur AGBOHOU peut affirmer que le *franc Cfa est une monnaie nazi*. Car cette technique fut utilisée par l'Allemagne de Hitler lorsqu'elle annexa la France.

Le crédit est fait préférentiellement aux entreprises multinationales exportatrices de matières premières, d'une part, et d'autre part, pour acheter des véhicules et autres produits manufacturés importés. C'est donc la perpétuation du pacte colonial.

Ainsi s'explique encore la pauvreté de l'Afrique Noire.

LE DÉBAT SUR LA SOUVERAINETÉ MONÉTAIRE DE L'AFRIQUE SUBSAHARIENNE

Tout le développement précédent a montré comment le Franc Cfa maintient l'Afrique noire dans l'asservissement. La question de son indépendance monétaire est donc posée. Mais alors pourquoi l'opinion publique africaine est elle aujourd'hui divisée sur le sujet? Les débats s'enflent.

D'un côté, il y a les *tenants du statu quo* et de l'autre *les partisans de la rupture*

Le camp du statu quo dont les partisans se recrutent auprès de certains chefs d'Etats moulés dans les institutions financières internationales, accorde peu d'intérêt à la quête de l'indépendance monétaire. Au nom de leurs intérêts particuliers, ces leaders choisis par l'ancienne métropole préfèrent leur confort douillet et les bercements des doux cantiques à la francophonie. Ils ont peur de l'inconnu. Leur argument c'est que les pays africains ne sont pas capables de gérer la monnaie. Ils citent en exemple le cas de la République de Guinée qu'ils considèrent comme un échec. Nous démontrerons le contraire plus loin.

Le *camp de la rupture* est constitué de quelques universitaires et d'une société civile sensibilisée. Il est persuadé que sans l'indépendance monétaire, l'indépendance économique est un vain mot. « L'indépendance économique, c'est la possibilité pour chaque pays d'orienter sa politique de développement dans le sens qui lui convient, qui assure le mieux-être matériel de sa population et donc le contrôle de l'exploitation de ses ressources » disait le Professeur TCHUNDJANG POUEMI.

Il y eut naguère les débats pour les indépendances politiques au cours desquels certains leaders politiques considéraient que leurs pays n'étaient pas prêts pour la décolonisation. Voici venus ceux de l'indépendance économique.

Regardons de près les expériences africaines dans la gestion de la monnaie.

A l'accession de la GUINEE à l'indépendance en 1958, la monnaie en usage est le franc CFA.

En 1960, suite à la rupture politique avec la France, elle est remplacée par le franc guinéen. La Banque Centrale de la République est créée. Elle va faire l'expérience de la gestion balbutiante de la monnaie dans un climat politique perturbé par une multiplicité des tentatives de coups d'état. L'économie guinéenne est d'essence socialiste. La seule entreprise susceptible d'apporter des réserves en devises au pays est FRIGUIA qui exploite les mines de bauxite. Celles-ci sont insuffisantes pour soutenir la construction des entreprises et la réalisation des infrastructures. Il fallait emprunter sur le marché international. La France a fait échec à cette solution. A l'intérieur, la monnaie n'a pas réussi à solliciter l'agriculteur pour accroître la production.

En 1972, le franc guinéen est remplacé par le SILY. Et, pendant une douzaine d'années, la nouvelle monnaie connaîtra des tribulations diverses.

En 1985, Le président SEKOU TOURE décède et l'économie se libéralise sous la prescription et l'intervention du FMI

En 1986, après une dévaluation de 92% du SILY, la GUINEE revient au Franc Guinéen. Depuis lors, *le franc guinéen flotte par rapport à l'euro*; et la Guinée est demeurée maître de sa monnaie. Elle a appris à la gérer:

Aujourd'hui, la monnaie sollicite la production. La croissance de la production intérieure brute (PIB) qui était de 0,9% entre 1980 et 1985, passe à 4,1% entre 1987 à 1990 et se maintient depuis à 4,7%.

Le montant de son PIB actuel est de 7,46 milliards de dollars.

Ces performances économiques actuelles sont acceptables et au dessus de la moyenne de celles des pays de l'Afrique Noire Française. Elles pourront s'améliorer si la première technique d'auto répression (fermeture du système bancaire aux nationaux) est annulée et si les circuits financiers sont réorganisés, n'en déplaise aux chantres du statu quo monétaire.

On aurait encore analysé des exemples comme ceux de la Mauritanie, de la Gambie pour voir comment la souveraineté monétaire a été salutaire pour leurs économies. Attardons nous plutôt au cas du RWANDA, ce petit pays africain qui a toujours fasciné les économistes par sa réussite dans l'art de la gestion de la monnaie.

LE CAS DU RWANDA

Ce petit pays de la zone des grands lacs est indépendant depuis le 01 juillet 1962. Il avait en 2015 11,6 millions d'habitants. Sa vie politique a été en permanence perturbée par le conflit entre les communautés HUTU et TUTSI. Les premiers sont majoritaires. La guerre civile née de la marginalisation de la communauté TUTSI démarre en 1990. Plus de 600.000 membres de cette communauté sont contraints à l'exil en Ouganda. En 1994, c'est le début d'un génocide planifié par le HUTU POWER après le décès accidentel du Président HABIARYMANA d'origine HUTU. Le Front Patriotique Rwandais, branche armée de l'opposition tutsi vole au secours de sa communauté en danger à l'intérieur et réussit à chasser le pouvoir HUTU. Ces convulsions politiques n'ont pas empêché le développement économique de ce pays. C'est pourquoi il force l'admiration des économistes et peut servir d'exemple aux pays du pré-carré français qui hésitent encore à se libérer du joug économique français. Voici son expérience monétaire présentée sous forme d'un entretien fictif avec feu le professeur TCHUNDJANG POUEMI. Les réponses aux questions sont tirées de son ouvrage de référence.

Question: Comment le RWANDA, petite colonie belge en vient elle à obtenir sa souveraineté monétaire?

Réponse: « Le Rwanda ne commence à maîtriser sa monnaie et donc sa vie économique qu'en 1964, quand il crée sa propre banque centrale. Jusque là, il fait partie d'abord du même espace monétaire que le Burundi et le Congo Belge , puis, à partir de 1960 de la même zone que le Burundi. En clair, ni le Burundi, ni le Rwanda ne battent monnaie, la Belgique s'en charge comme son grand frère au sud du Sahara. Conséquence: la production caféière qui était de 18.000 tonnes en 1959, baisse régulièrement pour tomber à 6.000 tonnes en 1963. En mai 1964, la Banque Nationale du Rwanda est chargée de la pleine responsabilité d'un institut d'émission. Dès la fin de cette année, la production caféière redémarre pour atteindre 19.000 tonnes en 1970… ».

Question: Quelles ont été les difficultés rencontrées dans sa quête d'indépendance économique?

Réponse: « Les débuts sont difficiles; les banques commerciales belges, ayant pris l'habitude de ne pas financer l'économie indigène, archaïque, non moderne, résistent…..placent leurs avoirs à l'étranger……Cependant, un phénomène lent mais décisif se produit. Les banques commerciales sont de moins en moins sous contrôle étranger. Elles répondent progressivement à la demande de l'économie en monnaie.

Observez comment le Rwanda a annulé la première technique auto répressive (fermeture du système bancaire aux nationaux). La nationalisation nécessaire de la banque centrale ne suffit pas. Il faut que les banques commerciales qui rappelons le, sont la seule porte par laquelle passe la monnaie, pour entrer dans le système, soient connectées à l'économie du pays. »

Question: La nationalisation de la banque centrale et la connexion des banques commerciales à l'économie sont elles les mesures principales prises?

Réponse: « Cela réalisé, la monnaie est adressée à l'économie rwandaise. Ensuite, les revenus remplissent le bien vide monnaie, le budget de l'Etat peut donc s'alimenter sur les ressources réelles: la monnaie comme toujours a précédé la production ».

Question: quelles autres mesures sont prises pour amplifier l'apport de la monnaie?

Réponse: « Du côté des circuits proprement financiers, après avoir multiplié les établissements de collecte de l'épargne comme la banque nationale de développement qui a triplé ses crédits en trois ans, les banques d'épargne, le Fonds de sécurité sociale, la banque hypothécaire, etc..le Rwanda entreprend depuis 1976 une spécialisation fonctionnelle des intermédiaires non bancaires pour offrir aux épargnants une gamme suffisamment étendue de placements rémunérateurs. Dans le même temps, pour ne pas alourdir la charge fiscale, l'Etat emprunte de plus en plus sous forme de bons du trésor et de bons de développement. Parallèlement, la Banque Centrale veille à ce que l'épargne ne soit pas pénalisée et que le taux d'intérêt reflète autant que possible, faute de bourses de valeurs, l'état du marché du capital....Le taux d'intérêt créditeur varie entre 2 et 4,5%.... et comme la hausse des prix ne dépasse pas 3%, le taux créditeur réel est positif. La troisième technique auto répressive (le taux d'intérêt créditeur réel négatif) est supprimé.»

Ce pays qui a acquis son indépendance en 1962, soit deux années après la plupart des pays d'Afrique Noire Française avait-elle une maîtrise de la monnaie que ces derniers n'avaient pas? Non, il fallait un certain culot politique pour nationaliser la banque centrale, deux années seulement après l'accession à l'indépendance. GREGOIRE KAYIBANDA, le premier Président, a osé le faire. Et, la transformation économique de ce pays ne peut que donner raison à ceux qui affirment que les africains sont capables de gérer la monnaie.

Il convient alors d'admettre avec le Professeur TCHUNDJANG que : « La monnaie est une pièce fondamentale de l'indépendance nationale ». L'Afrique Noire Française doit se défaire des liens de la servitude monétaire pour se donner des meilleures chances de développement. La convention de coopération monétaire permet cette indépendance en son article 17 et les dernières déclarations du nouveau Président français Emmanuel MACRON ne souffrent d'aucune équivoque. Invité au sommet du G5 SAHEL qui s'est tenu à BAMAKO au Mali le 2 juillet 2017, il déclare : « Si on ne se sent pas heureux dans la zone franc, on la quitte et on crée sa propre monnaie comme l'ont fait la Mauritanie et le Madagascar »

COMMENT RECOUVRER LA SOUVERAINETÉ MONÉTAIRE ?

Le débat est clos. Les pays de la zone franc doivent, pour leur survie, accéder à la souveraineté monétaire. Il n'y a pas d'obstacle technique pour ce faire. En réalité, l'indépendance monétaire est aujourd'hui une question politique. Les chefs d'état du pré-carré auront-ils le courage de franchir le Rubicon ? Voilà la vraie question. Parmi ces dirigeants, seul le président tchadien IDRISS DEBY a osé aborder frontalement ce problème. Les autres préfèrent se murer dans un silence éloquent. Ils ont peur de prendre des initiatives qui leur attireraient les foudres de l'Hexagone. Il appartient aux peuples d'exercer la pression nécessaire sur leurs dirigeants par leurs suffrages pour les amener à cette fin. Et, si chacun d'eux a peur d'une sortie individuelle, pourquoi ne pas opérer une sortie en groupe de la zone franc, par des initiatives régionales? Par exemple, tous les pays de la CEMAC quitteraient ensemble et au même moment cette zone monétaire. Ils maintiendraient la BEAC comme banque centrale commune, qui serait investie de la mission de veiller au respect des critères de convergences qui seront adoptées et au contrôle de la masse monétaire globale et à la reprise en main de ses réserves de change. Chaque pays aurait alors sa banque nationale rattachée à la BEAC qui sera la banque des banques nationales. C'est le schéma préconisé par l'économiste KEYNES à BRETTON WOODS. Dans la nouvelle communauté, le poids de chaque pays serait déterminé par sa part dans les réserves monétaires communes. Ce schéma peut connaître des variantes.

Chapitre XII

AJUSTER LES MÉTHODES AFRICAINES DE FINANCEMENT

« Le courage, c'est ce qu'il faut pour se lever et parler ;
le courage, c'est aussi ce qu'il faut
pour s'asseoir et écouter »
(Churchill)

LA SPÉCIFICITÉ DE LA CULTURE BANCAIRE AFRICAINE

Il y a quelques années, l'ingénieur ETOUNGA MANGUELE se livrait à un essai sur l'anthropologie et la sociologie de l'africain noir, dans un ouvrage intitulé L'AFRIQUE A-T-ELLE BESOIN D'UN AJUSTEMENT CULTUREL? publié aux Editions Nouvelles du Sud. Il y explorait les raisons de la faillite morale qui depuis des siècles maintient le noir au degré inférieur de l'humanité. Pour lui, celles-ci ont pour noms: la soumission à l'ordre divin, l'acceptation du pouvoir et d'une autorité indivisible, la convivialité excessive, le refus de la tyrannie du temps. Il invitait alors l'Afrique à changer politiquement, économiquement et socialement. Ce livre avait rencontré un franc succès auprès de certains expatriés et africains occidentalisés, contents de trouver en ce digne fils de l'Afrique un relai de leurs opinions qu'ils n'osaient pas exprimer publiquement. Cette auto flagellation dénotait une connaissance historique limitée du monde africain noir ou, à défaut, un certain nombre de malentendus relatifs à sa culture vue sous le prisme occidental. L'ajustement culturel ne devrait pas signifier l'abandon ou la négation des valeurs africaines à laquelle on assiste depuis peu. Certains proclament que la culture bancaire en Afrique Noire Française, date de la colonisation. Or, nous avons démontré que sous l'ère précoloniale, le continent noir avait une avance sur l'Europe dans ce domaine. 300 ans d'esclavage et près d'un siècle de colonisation ont bouleversée cette culture en imposant un système dont l'objectif était de perpétuer le pacte colonial par l'orientation sélective des crédits dans l'économie et: l'exclusion des entreprises *indigènes* du financement.

LE BESOIN D'AJUSTEMENT DE LA CULTURE BANCAIRE AFRICAINE

L'Afrique noire Française a adopté la culture bancaire coloniale et continue de l'entretenir. Peu de banques qui y sont installées acceptent aujourd'hui de financer les entreprises en création. Par contre, toutes s'intéressent au financement des entreprises en activité. Or, le continent noir, pour se développer, a besoin d'une *révolution industrielle* adossée précisément sur la création de structures nationales de production. Or, sans financement, cet objectif ne peut pas être atteint. Il faudrait donc ouvrir le système bancaire aux Nationaux créatifs. On a observé que la fermeture est plutôt d'actualité. Il faut donc ajuster les méthodes bancaires existantes pour faciliter l'accès des entreprises nationales au financement. Ces dernières se résument en quatre questions :

- celle de l'éligibilité aux financements
- celle du coût élevé d'accès au crédit
- celle des accords de classement
- celle des relations entre les banquiers et les entreprises nationales

LA QUESTION D'ÉLIGIBILITÉ AUX FINANCEMENTS

Les déterminants d'accord de crédit

Le dogme bancaire veut qu'une entreprise ne soit éligible à un financement que si elle est *viable* et *pérenne.*

Une structure est viable lorsqu'elle est constituée pour durer longtemps. .

La politique, l'économie, le social, la technologie, l'écologie, les lois et les règlements sont des facteurs environnementaux externes pouvant constituer des menaces ou des opportunités pour l'entreprise. L'exemple de la Côte d'ivoire, en proie à la crise post électorale de 2010, le démontre aisément. Beaucoup d'unités avaient alors été fermées, en laissant d'importantes dettes dans les banques ivoiriennes.

Les statuts et leur respect, les organes de gestion et leur fonctionnement, la transparence dans la gestion, le système d'informations, les procédures sont des facteurs de gouvernance pouvant constituer des forces et des faiblesses.

La pérennité d'une structure de production se définit comme sa capacité à durer longtemps (99 ans)

Le marché, la technique, le commercial, les ressources humaines l'organisation, les finances, constituent les facteurs de pérennité. Ils sont en général analysés en termes de force et de faiblesse.

Pour être éligible à un financement, une structure de production nationale doit passer avec succès tous les tests de viabilité et de pérennité. Cela est impossible.

La question des garanties

C’est la raison pour laquelle le banquier attache une importance capitale à la *garantie.* Celle-ci se définit comme un bien que le débiteur donne au prêteur en contrepartie du financement dont il a bénéficié, avec la faculté pour ce dernier de le vendre pour se rembourser en cas de défaillance. Une bonne garantie doit être *réalisable,* c'est-à-dire que le prêteur doit pouvoir vendre le bien qui lui a été donné dans un espace de temps court; *Sa valeur marchande* doit couvrir largement le prêt consenti.

La Commission Bancaire impose une grille de garanties réelles qui peuvent être acceptées et qui sont par ordre d’importance: la garantie en dépôt de monnaie, la garantie bancaire qui est un engagement par signature d’une banque à rembourser le prêteur de cette garantie en cas de défaillance du débiteur, la garantie hypothécaire qui consiste à prendre en hypothèque un immeuble dont la valeur est supérieure à celle du financement octroyé. Les autres garanties telles que le nantissement des biens d’équipement avec ou sans dépossession, considérées comme volatiles, ne sont pas acceptées par cet organe. Les garanties personnelles constituées de cautions personnelles et solidaires, de lettres d’intention ne sont acceptées que lorsque la caution a une surface financière démontrée. Tel est l’éventail qui s’offre au banquier en matière de couverture.

On observe que, pour prendre le risque, celui ci a tendance, aujourd’hui, à se couvrir de garanties surabondantes que l’entrepreneur national n’a pas. L’entreprise nationale est donc disqualifiée

La révolution industrielle souhaitée serait impossible, dans ces conditions.

La pratique de l'ingénierie des garanties, comme solution

En réalité, l'activité seule constitue la garantie du remboursement du crédit qui lui est consenti. Mais comme l'exigence des garanties est d'ordre règlementaire, le nouveau banquier africain tout en se conformant à la règlementation, doit être créatif. Il doit pouvoir trouver des combinaisons de couvertures adaptées aux facteurs de risques ou aux types de financement. C'est la garantie structurée; elle relève de *l'ingénierie des garanties*

On peut constater que les facteurs de risques internes susceptibles de compromettre la pérennité de l'entreprise tels que l'invalidité du promoteur, le risque commercial, le risque de production, le risque financier, les facteurs humains peuvent, dans leur grande majorité, être couverts par une combinaison d'assurances ordinaires et d'assurance crédit.

Les facteurs de risques externes susceptibles de compromettre la viabilité de l'entreprise peuvent, quant à eux, être évités par la vigilance des banques.

La couverture du financement des immobilisations

Il s'agit ici de risques techniques portant sur les immobilisations qui se composent d'avantage des immobilisations corporelles: terrain, constructions, équipements. La règle de contreparties voudrait que la couverture d'un financement des immobilisations soit une combinaison d'hypothèque sur le terrain et les constructions, de nantissement sur les équipements et d'assurance couvrant les dégâts et la disparition des biens pris en garantie et déléguée au profit de la banque

La couverture du financement des valeurs d'exploitation

Il s'agit ici de risque d'exploitation portant sur les actifs d'exploitation: stocks de matières premières, produits en cours de transformation, produits finis, matières consommables. La règle de contrepartie voudrait que la couverture du financement des valeurs d'exploitation soit constituée par une combinaison d'assurances: assurance crédit ou une assurance couvrant le risque d'exploitation, le nantissement des produits, l'assurance contre la destruction des produits en magasin. Toutes ces assurances sont déléguées au profit du banquier

La couverture du financement des valeurs réalisables

Il s'agit ici de risques commerciaux portant principalement sur l'insolvabilité des clients. La couverture de ce risque se fera par: la souscription d'une assurance par l'entreprise garantissant la solvabilité de son client et déléguée au profit de la banque: cela peut être l'assurance crédit, la subrogation de créances au profit de la banque ou l'affacturage, l'aval bancaire de traites tirées par le client au bénéfice l'entrepreneur ou une lettre de crédit stand by.

L'ingénierie des garanties est donc un exercice qui nécessite une certaine patience et un temps de travail élevé. Or, pris dans la contradiction entre l'intensité du travail à faire et la rentabilité du financement, le banquier préfère aujourd'hui exiger, dans tous les cas, une hypothèque ou une caution hypothécaire, en guise de couverture sans laquelle il ne pourra pas octroyer le financement sollicité. C'est demander au promoteur de l'entreprise nationale de commencer par se constituer un patrimoine foncier avant de se lancer dans l'aventure industrielle. Il faut rompre ce système.

LA QUESTION DU COÛT D'ACCÈS AU CRÉDIT

Le coût d'accès au crédit est une autre épreuve que l'entreprise nationale doit subir. En effet, il lui faut passer les étapes de l'élaboration et de la *signature de la convention* de prêt ou de compte courant et de la *matérialisation des garanties.* Le coût de ces opérations représente entre 8 et 10% du montant du crédit. Il est élevé et, à la limite, dissuasif. l'Etat pourrait d'une part normaliser les coûts des conventions et baisser la taxe sur le crédit.

LA QUESTION DE L'ACCORD DE CLASSEMENT

Cet accord est donné par la banque centrale qui, considérant que le risque pris par le banquier est bon, marque ainsi sa disponibilité à refinancer le crédit octroyé. Sur 100 crédits accordés par une banque, 60 au moins doivent bénéficier de cet accord, si non la banque s'expose à des sanctions. Dès lors, par prudence, le Banquier attend l'évaluation de la banque centrale avant de marquer sa décision. Le processus complexe d'obtention de cet accord dissuade les banques de présenter les demandes pour les entreprises nationales.

La question des relations entre les banques et les entreprises nationales

A l'importante liste de déterminants d'accord de crédit bancaire s'ajoutent certains comportements du banquier qui frustrent les entreprises nationales. Il s'agit des demandes de crédit sans réponses, de la durée de décision longue; et des refus non motivés; la fermeture du banquier au dialogue.

La plupart de demandes de crédits non accordés demeure sans réponse. Pourtant, sur le plan administratif, le banquier qui exige une demande écrite de l'entreprise, se doit non seulement d'en accuser réception mais aussi d'y donner une réponse. En cas de refus de financement, il se doit non seulement d'écrire, mais surtout de motiver ce refus, au risque d'être taxé d'arbitraire.

Le temps de décision du banquier est long; il se chiffre à plusieurs mois alors que le besoin est parfois immédiat.

L'entreprise nationale reproche enfin au banquier non seulement de ne pas faire d'effort pour la comprendre mais aussi de chercher à lui appliquer des solutions stéréotypes.

Sur le plan des dispositions morales, le banquier africain se doit de changer de comportement vis-à-vis de l'entreprise nationale, en se débarrassant de ses attitudes hautaines et en privilégiant le nationalisme et l'humilité

Sur le plan technique, il doit privilégier la valeur de compétence.

Confrontés à de nombreux défauts de remboursement de crédits de la part des structures nationales de production, les banquiers tirent aujourd'hui la conclusion hâtive selon laquelle ces unités de production ne sont pas solvables. Pourtant ces défaillances résultent bien souvent de leur mauvaise appréciation du risque due à des lacunes techniques dans l'identification des besoins

L'IDENTIFICATION DES BESOINS

Les économistes sont unanimes pour affirmer que quel que soit son secteur d'activité, l'entreprise fait face à l'un des besoins suivants :

a- Le besoin en financement des immobilisations

Ils appellent *immobilisations* l'ensemble composé des bâtiments et des équipements sans lesquels il n'y aurait point de production et qu'il faut nécessairement acquérir.

b- Le besoin en financement des valeurs d'exploitation

Les *valeurs d'exploitations* se composent des intrants et des matières de toutes sortes concourant à la production qu'il faut avoir en réserve, d'une part, et des stocks de produits finis ou en cours de transformation, d'autre part: Le besoin naît donc de la nécessité de constituer ces stocks.

c- Le besoin en financement des valeurs réalisables

Les *«valeurs réalisables»* sont constituées par l'ensemble des créances détenues sur les clients matérialisées soit par des factures et des chèques à l'encaissement et des effets de commerce. Le gonflement de ce poste met la trésorerie de la structure dans une position difficile: il faut recourir à un financement.

d- Le besoin en financement des marchés

Les appels d'offre lancés pour la réalisation des projets d'ouvrage ou d'infrastructure sont appelés *«marchés»*. L'entreprise qui a soumissionné et qui est retenue pour la réalisation de l'ouvrage le maitre d'œuvre va avoir besoin de financement.

L'Etat, compte tenu de son important programme d'investissement est le plus grand acteur économique.

e- Le besoin en financement des importations ou des exportations

Dans la plupart des cas, les entreprises sont obligées d'importer certaines matières entrant dans la fabrication de leurs produits. Ces unités importatrices ont des besoins en financement qu'il faut satisfaire.
Inversement, d'autres structures produisent des biens destinés à être vendus hors du pays de production: ce sont des entreprises exportatrices. Elles peuvent aussi exprimer des besoins financiers.

L'identification des besoins est suivie par une *évaluation financière* visant à déterminer le juste besoin financier de l'entreprise. En effet, si l'institution de financement donne à l'entreprise plus d'argent qu'elle n'en a besoin, elle l'aura aidé plutôt à investir le surplus dans une autre activité n'ayant rien à voir avec son exploitation actuelle, sans certitude de remboursement. A contrario, si l'institution de financement donne moins d'argent que l'entreprise n'en a besoin, son activité sera pénalisée, sans espoir de remboursement non plus.. Ensuite, il faut procéder à l'étude *du montage financier* de l'exploitation, c'est-à-dire de définir différentes sources de financement et de leur contributions respectives à la satisfaction du besoin financier, dans le respect des ratios financiers, d'une part, et dans l'objectif de minimisation des contraintes fiscales, d'autre part. Cet exercice demande de de la technique et de la méthode dans le domaine financier. Le nouveau banquier doit y être rompu.

Quand on interroge les promoteurs d'entreprises nationales sur le type de financement dont ils ont besoin, 90% d'entre eux répond invariablement qu'il a besoin d'un *découvert,* si possible «permanent». Le découvert est, en effet, le seul type de financement qu'ils connaissent, habitués en cela par les vieilles banques coloniales qui en ont fait un usage abusif, quelquefois par ignorance, bien souvent par paresse dans l'analyse, qu'ils assimilent à *«simplification de l'analyse»* Ces institutions bancaires, en vulgarisant le découvert, n'oublient pas qu'il s'agit d'un financement sans objet que le client peut utiliser à sa guise pour saisir toutes les opportunités d'affaire se présentant à lui et ne rentrant pas nécessairement dans le cadre de son activité. Les clients se sont donc retrouvés très vite dans l'impossibilité de rembourser ce financement. Elles ont donc accumulé d'importantes créances douteuses et la constitution des provisions correspondantes a entrainé leur restructuration financière.

Le choix des types de financement compatibles avec les besoins est un exercice obligatoire qui est loin d'être un exercice facile

Le financement des besoins en immobilisations peut se faire soit: sur fonds propres de l'entreprise, soit sur fonds extérieurs à l'entreprise, soit sur les deux à la fois. *Les fonds propres de l'entreprise* sont constitués par le capital et, ainsi que des bénéfices réalisés non distribués. *Les fonds extérieurs* sont constitués des apports des actionnaires en compte courant des associés ainsi que des financements alternatifs et des prêts bancaires Le total des fonds propres et extérieurs constitue ce que les économistes ont coutume d'appeler *ressources stables*

Le type de financement bancaire des immobilisations est le crédit à long ou moyen terme: sa durée du remboursement correspondant à la durée d'amortissement fiscale ou technique des équipements et des constructions. Cependant, nous avons relevé plus haut que les institutions bancaires ont des ressources longues insuffisantes. Ceci justifierait la faible implication de ces banques dans le financement des immobilisations. Les solutions apportées par les Etats à ce problème ont consisté en la création des banques de développement aussi bien nationales que régionales. La BDEAC en Afrique Centrale et la BOAD en Afrique de l'Ouest en sont deux exemples; leurs mécanismes de financement sont souvent lourds et bien souvent inconnus des opérateurs économiques. Par ailleurs, les plafonds minimum d'intervention en font un instrument au service de la très grande entreprise et des Etats. On peut donc se féliciter de l'émergence de nouveaux instruments financiers privés que sont le fonds de capital risque et le crédit bail.

Le financement des actifs d'exploitation se fait généralement conjointement par le *fonds de roulement* et une panoplie d'instruments de financement de courte durée. *Le fonds de roulement* c'est l'excédent des ressources stables sur les immobilisations. Il doit permettre de couvrir au moins 20% des actifs d'exploitation.

Les instruments de financement classiques de courte durée sont: le crédit amortissable, le découvert, les facilités de caisse, le crédit fournisseur, les avances de la clientèle etc. Ce sont des financements qui doivent être remboursés sur une durée inférieure à deux ans

Les institutions bancaires sont ici à l'aise, car les ressources dont elles disposent sont compatibles avec ce type de financement.

Le financement des créances sur les clients, matérialisées par les factures et les traites se fait selon leur nature.

Une avance sur facture peut être octroyée à une entreprise qui a livré une commande et produit une facture et qui n'attend que d'être payée, dans le respect du délai de règlement fixé à son client. Cette avance est faite soit par l'affacturage soit par le crédit en compte courant

Une avance sur effet de commerce peut être faite à une entreprise qui a livré une commande et produit une facture, elle sollicite en retour de son client une reconnaissance de dette sous la forme d'un effet de commerce qui précise l'échéance de règlement, le montant et porte l'acceptation de son client. Cette avance est consentie sous forme d'escompte.

Le financement des actifs d'exploitation peut aussi se faire soit par *les avances de la clientèle*, c'est-à-dire des avances sur commandes faites par le client, soit par *le crédit fournisseur*, c'est-à-dire le crédit que consent un fournisseur à l'entreprise.

Quant aux financements des marchés, ils se font par un ensemble de cautions: de soumission, de bonne fin, d'avance de démarrage et de retenue de garantie et l'obligation de faire.

La Caution de soumission est un engagement du garant, banquier ou assureur, rassurant le maître d'ouvrage sur la capacité d'exécution du maître d'œuvre

La Caution de bonne fin, c'est l'engagement du garant à payer un pourcentage du marché au maître d'ouvrage si son client ne mène pas son chantier à son terme

La Caution d'avance de démarrage est un engagement du garant à rembourser le maître d'ouvrage de l'en cours l'avance qu'il aura consentie au maître d'œuvre si celui-ci venait à abandonner l'ouvrage. L'avance de démarrage se rembourse progressivement sue les décomptes présentés par le maître d'œuvre.

La Caution de retenue de garanti*e* sert au garant à couvrir les malfaçons du maître d'œuvre

L'Obligation de faire c'est l'engagement du garant à achever un travail que le maître d'œuvre aura abandonné

Le financement des importations se fera à travers le crédit documentaire qui est un engagement de la banque à payer le fournisseur lorsque qu'elle entrera en possession de la marchandise pour le compte de son client.

La revue de ces instruments de financement montre que l'ingénierie des financements est un travail ardu et complexe que le banquier actuel moulé dans les banques colonialistes ne veut pas exercer.

Le développement des solutions financières

Le développement des solutions financières passe par la diversification des offres bancaires et la promotion des solutions de financements alternatifs

LA DIVERSIFICATION DES OFFRES BANCAIRES

La création des banques sectorielles dédiées à l'entreprise nationale est une des possibilités de diversification des offres bancaires. Au Vietnam, elle constitue un moyen de donner des chances de développement aux différents secteurs de l'économie. Il importe toutefois de se poser la question de son profil. Il apparaît qu'une telle institution doit avoir la principale caractéristique d'universalité : c'est-à-dire être à la fois une banque commerciale et une banque d'investissements, et donc, capable de financer aussi bien les investissements que le fonctionnement des entreprises nationales. Elle doit être rapide dans la décision; cela lui impose d'avoir des méthodes d'évaluation du risque précises. Elle doit être *compétitive:* avoir un coût d'accès au crédit réduit. Elle doit être *ouverte.* Cela lui impose d'éviter des schémas de financement arrêtés. Elle doit enfin exercer une activité de conseil. Il lui faut trouver des solutions aux problèmes du client. Peu de banques existantes satisfont à ce profil. Une telle institution doit être une banque publique d'investissement qui serait amenée à prendre des participations dans le capital des entreprises nationales. Elle pourrait alors programmer leur suivi. Son objectif ne sera pas celui de faire du bénéfice.

Le monde regorge de nombreuses expériences de banques spécifiques dont il suffit de s'inspirer pour construire une synergie: *Les banques de type islamique* qui ne pratiquent pas les prêts avec intérêt, mais participent au capital de l'entreprise et assument le risque d'exploitation et ***les*** *micro-banques* qui, bien encadrées, doivent pouvoir permettre un développement des entreprises nationales et favoriser le passage réussi de l'informel au formel.

LES SOLUTIONS DE FINANCEMENTS ALTERNATIFS

La promotion des solutions de financements alternatifs passe par l'incitation à la création et à la diversification des établissements financiers grâce à des avantages fiscaux. *Les fonds d'investissement* permettent l'acquisition des parts dans le capital, l'achat des obligations convertibles et les interventions en compte courant d'une entreprise dont le potentiel est jugé bon, pour une durée donnée qui n'excède généralement pas dix ans. Au terme de cette durée, le fonds se désengage en vendant ses parts aux actionnaires. Il est en général partie prenante dans la gestion et le contrôle de l'entreprise partenaire. On retrouve dans ce cadre: Le *fonds de capital risque, la société d'investissement à capital variable,* société anonyme qui émet des actions chaque fois qu'une société exprime un besoin en financement. L'achat d'une action confère à l'acheteur l'entrée dans l'actionnariat de l'entreprise et donc d'en suivre la gestion au travers de l'assemblée générale. Les *sociétés d'affacturage* consentent des avances à l'entreprise cliente moyennant une subrogation de sa facture en sa faveur. Les *sociétés de leasing* facilitent l'acquisition d'un équipement à l'entreprise qui en exprime le besoin, par le biais d'un mécanisme de location vente. Cette dernière se trouve donc dégagée des contingences de l'investissement et son compte d'exploitation se trouve simplifié. Les *sociétés d'assurance crédit* pratiquent l'assurance crédit, système qui permet à des créanciers moyennant le paiement d'une prime, de se couvrir sur le non paiement des créances dues par les personnes préalablement identifiées. Ici, ce sont les créanciers de l'entreprise qui sont les assurés. Ce système permet de se couvrir sur le «non paiement», terme qui définit le sinistre par l'absence de paiement. La créance doit être certaine, au paiement de laquelle le débiteur ne peut pas se soustraire soit pour cause de force majeure, soit pour contestation. Dans son ouvrage intitulé L'ASSURANCE CREDIT DANS LE MONDE CONTEMPORAIN éditions JUPITER ET NAVARRE 1978, le Docteur Jean BASTIN affirme que : «Si l'objectif principal est l'indemnisation des pertes, l'assurance crédit offre beaucoup d'avantages pour l'assuré et son banquier »:

a- La sélection des risques: la sélection de la clientèle basée sur des informations très fouillées est un atout majeur pour séduire les industriels, les commerçants qui ont une clientèle très nombreuse ou une entreprise qu'ils ne connaissent pas à cause de la jeunesse de leur relation
b- La gestion du contentieux: l'assureur crédit accorde à son service contentieux une place de choix comme étant un des moyens les plus efficaces pour réduire la perte
c- L'amélioration du standing financier de l'entreprise: ce but est poursuivi par les entreprises dont le poste clients est important et qui dès lors ont recours au crédit d'escompte dont la qualité sera améliorée , aux yeux du banquier, si le portefeuille des créances est assuré
d- Constituer une sûreté au profit du banquier: le banquier demande à l'assuré de lui céder le bénéfice des indemnités.

Partie III

Epilogue

Chapitre XIII

APPRENDRE DES AUTRES !

« Les exemples vivants sont d'un autre pouvoir,
un prince dans un livre apprend mal son devoir. »
(Corneille)

Cet ouvrage ne saurait s'achever sans s'imprégner des cas de la Chine, des Tigres et des Dragons d'Asie qui ont atteint un seuil de développement impressionnant en se libérant du joug économique de leurs anciens pays colonisateurs.

LA CHINE

En 1973, ALAIN PEYREFITTE, ministre dans le gouvernement du Général De Gaulle, faisait paraître l'ouvrage intitulé: «QUAND LA CHINE S'EVEILLERA …le monde tremblera» dans lequel il se livrait à une analyse prospective du rôle important que ce pays se préparait à jouer sur le plan mondial. Sa prophétie s'est avérée exacte, quarante trois années plus tard. La Chine est devenue la première puissance économique du monde.

Marie Claire BERGERE, Professeur émérite des Universités à l'Institut National des Langues et Civilisations Orientales en France, spécialiste de la Chine, nous aide à décrypter le fabuleux bond de ce géant, dans un ouvrage intitulé: «CAPITALISMES ET CAPITALISTES EN CHINE, éditions PERRIN, 2007»

Ce livre met en évidence les principales étapes historiques de la construction de la Chine contemporaine et démontre comment ce pays dit communiste est devenue une force économique par le capitalisme!

La première étape court du XIe au XIXe siècle

Sur le plan politique, deux dynasties successives dirigent ce pays: celle des MING à partir de 1368 et celle des QUING à partir de 1644.

Sur le plan économique, sous le règne des MING, l'empire connait une renaissance culturelle et un développement industriel basé sur la métallurgie, l'imprimerie et l'artisanat. La priorité est cependant donnée à l'agriculture. La constitution d'une bourgeoisie nationale, autonome et patriote, est à l'origine de cet essor économique. Celle-ci est pétrie des enseignements de Confucius, philosophe chinois qui prône des valeurs d'humanisme, de bienveillance et de moralité, et surtout de méritocratie.

La dynastie QUING, quant à elle, sera confrontée à un affaiblissement du pouvoir et à une agitation sociale favorisée par une baisse de la prospérité et des ingérences des puissances occidentales faisant de ce pays, une semi colonie.

L'économie chinoise traditionnelle, reposant sur le commerce agricole et l'artisanat, favorise la formation du *capital endogène* qui va servir, en milieu du XIXe siècle, à la première modernisation de l'économie. Celle-ci connaîtra, cependant, un échec, face à l'impérialisme occidental et japonais.

On doit rappeler ici que l'empire du MALI qui naît au XIIIe siècle connait, alors, une prospérité économique qui durera jusqu'au XVIIIe siècle et que n'eussent été la traite et la colonisation qui sonneront son glas, il aurait connu un meilleur sort. La Chine quant à elle résistera aux tentatives de colonisation.

La seconde période court de 1911 à 1927

Sur le plan politique, elle débute avec le soulèvement des fonctionnaires à WUCHAN. Ils exigent l'abolition de l'empire et la naissance d'une république. Le KOUO MINGTANG créé en 1912 par SUN YAT SEN triomphe et met fin à la dynastie. C'est un parti démocratique, socialiste, nationaliste et anti impérialiste qui va bénéficier au tout début du soutien du KOMINTERN soviétique. Ses rênes sont confiées à TCHANGKAITCHEK. Le KOUOMINTANG lance des offensives contre le Parti Communiste Chinois regroupé dans les campagnes. Pour fuir, ce dernier entreprend la *longue marche.*

Sur le plan économique c'est l'âge d'or du capitalisme chinois et celle de l'industrialisation par le bas menée par la bourgeoisie créée au cours de la première étape.

La troisième étape va de 1927 à 1949

L'environnement politique se caractérise par l'invasion de la Mandchourie en 1931 par le Japon qui montre des velléités expansionnistes et annexionnistes. TCHANGKAITCHEK dont le parti est sous la coupe de la bourgeoisie laisse faire, préférant concentrer ses forces pour préserver les terres qu'il a conquises. Quant au Parti

Communiste Chinois, il est replié depuis longtemps dans les campagnes, après la longue marche, et s'appuie sur les masses paysannes pour combattre le KUOMINGTANG.

En 1937, le Japon déclenche la guerre pour la conquête totale de la Chine. Les deux partis rivaux vont alors s'unir pour faire front.

En 1945, au bout de huit années de guerre, le Japon est vaincu. L'unité de la chine est sauve. Les deux partis chinois vont alors s'affronter dans une lutte sans merci pour le pouvoir. C'est le début de la grande guerre civile qui s'achève en 1949 par la victoire du Parti Communiste Chinois soutenu par l'Union des Républiques Socialistes Soviétiques (URSS) et par les masses paysannes acquises à sa cause.

L'environnement économique durant cette période mouvementée est marqué par la stagnation de l'industrialisation et le retour à un capitalisme bureaucratique

La quatrième étape court de 1949 à 1979

Au plan politique: le parti communiste chinois entre triomphalement à PEKIN en 1949; il a le soutien des masses paysannes.

Au plan économique, il bénéficie, dans un premier temps, du soutien de la bourgeoisie à qui il donne des gages au sein d'une assemblée constituante en étouffant les revendications ouvrières. C'est donc un parti qui s'accommode de la bourgeoisie privée tout en entreprenant des actions marxistes. En 1955, l'Etat entreprend les nationalisations. Il prend 50% des participations dans les entreprises privées et place à côté du propriétaire ou du gérant, un Directeur nommé par le parti. Le restant des entreprises est exproprié et les propriétaires indemnisés. Ces nationalisations font naître une bourgeoisie imbriquée au parti-état. La collectivisation des terres est implémentée. Ces mesures connaissent, au départ, un certain succès. Mais très vite le grand bond en avant voulu par MAO ZEDONG s'essouffle. C'est alors qu'en 1966, la révolution culturelle est lancée. Celle-ci consiste en la chasse aux intellectuels considérés comme les responsables de cet échec. Le prétexte, c'est le débat qui s'ouvre autour d'une pièce de théâtre accusée de réhabiliter les adversaires de MAO «le grand timonier». Les «gardes rouges» sont constitués et servent d'instruments de purification idéologique.

Le parti communiste secrète une bourgeoisie d'Etat accolée à la bourgeoisie privée pour mener à sa manière l'industrialisation

La cinquième période court à partir de 1979

Sur le plan politique, Le décès de MAO ouvre la voie à une nouvelle équipe dirigeante plus pragmatique conduite par DENG XIAO PING.

Sur le plan économique, on assiste à la renaissance du secteur privé dans la Chine contemporaine et à une ouverture progressive. L'ouverture ne signifie pas automatiquement libéralisme. Les réformes lancées depuis 1980 sont conduites de manière autoritaire par une élite dont l'objectif n'est pas de créer un système capitaliste mais d'utiliser au mieux les ressources du marché pour développer la richesse de la Chine, renforcer sa puissance et préserver le monopole politique du parti, car le parti unique demeure la clé de voûte de ce système; un parti qui tire sa légitimité non plus de l'idéologie, mais de la croissance et de l'exaltation nationaliste. C'est le SOCIALISME DE MARCHE. Les capitalistes chinois d'aujourd'hui sont une création du parti état. L'Etat a conservé le pouvoir d'intervention dans les secteurs principaux: c'est le capitalisme d'Etat

On tire de cette expérience la leçon suivante: La Chine a réussi son développement grâce à une industrialisation endogène, tirant son origine d'un capital privé également endogène. La flexibilité du parti communiste chinois et sa capacité d'adaptation permettront l'association du capital privé à un capitalisme d'Etat qui demeure le principal facteur de développement économique. Tout cela se fera grâce à l'exaltation du nationalisme.

LES TIGRES D'ASIE : L'EXEMPLE DU VIETNAM

Les élites asiatiques administrent chaque jour à l'Afrique la preuve qu'elle peut s'en sortir, par ses propres moyens. Le Vietnam dont la décolonisation politique est plus récente que celle des pays d'Afrique Noire Française est un cas intéressant. Comment ce pays a-t-il réussi à partir de 1975 à se hisser parmi les TIGRES ASIATIQUES, ces Nouveaux Pays Exportateurs (NPE) que sont: la Thaïlande, la Malaisie, l'Indonésie, les Philippines?

La réforme économique du Vietnam ou le DOI MOI (renouveau)

Le Vietnam est le cas unique au monde d'un pays qui aura mené deux guerres de libération.

A la fin de la seconde guerre mondiale, en 1945, il exprime le souhait de quitter l'empire français de l'Indochine. Avec l'accord de la France, le Vietminh de HO CHI MINH fonde alors la république démocratique du Vietnam qui est d'obédience communiste. Mais, contre toute attente, la France change d'avis et impose à ce pays une guerre qui débute en 1945. Elle s'achève en 1954 par une cuisante défaite de la métropole à la suite de la bataille mémorable de DIEN BIEN PHU où les troupes en guenilles du Général GIAP viendront à bout d'une armée française dotée de tous les armements modernes. Les accords de Genève qui s'en suivent reconnaissent un état du Vietnam coupé cependant en deux zones de part et d'autre du 17° parallèle: Vietnam du Nord communiste et le Vietnam du Sud libéral. Promesse est faite de réunifier ces zones lors d'élections libres.

Après 1954, le gouvernement sud-vietnamien ne voulant pas d'une consultation pour la réunification se trouve confronté à une opposition interne menée par le Vietcong communiste soutenu par le Vietnam du nord, qui réclame l'organisation des élections. Les Etats Unis ne voulant pas du communisme dans cette partie du monde apportent un appui militaire au Vietnam du Sud pour mâter cette opposition. Puis, ils s'engagent d'avantage dans une véritable guerre à partir de 1964 à la fois contre le Vietcong et le Vietnam du nord. Malgré leur supériorité, ils se rendent à l'évidence, au bout de plusieurs années de combat, qu'on ne peut pas vaincre un peuple décidé à recouvrer sa souveraineté. Cette guerre s'achève en 1975. Les USA, vaincus grâce à son opinion publique hostile à cette guerre dont les média avaient publié des photos choquantes, quittent subrepticement le Vietnam, laissant derrière eux un pays dévasté par des tonnes de bombes au napalm et autres armes chimiques. Les pertes humaines dans ce conflit se chiffrent à environ 3 millions de morts. Mais le pays est finalement réunifié.

Il entame alors péniblement sa reconstruction sous l'idéologie communiste comme le fit le parti communiste chinois à partir de 1949. En 1986, ses dirigeants, mènent courageusement une grande réforme économique, le DOI MOI (renouveau), en s'ouvrant à l'économie de marché, malgré son idéologie. Le «renouveau» encourage et promeut le développement des investissements étrangers(IDE), d'une part, et accorde une plus grande autonomie aux entreprises, d'autre part. L'industrialisation du pays se développe rapidement et atteint actuellement 40% du PIB. La croissance s'organise autour de deux secteurs: le secteur d'Etat qui regroupe les grandes unités qui constituent le moteur du développement et les entreprises manufacturières privées à haute intensité de main d'œuvre. Les IDE entrants se font sous la forme des joint ventures dans lesquels le secteur d'Etat est très présent. Ceci lui permet de les soumettre à une politique sectorielle choisie. Les dirigeants procèdent ensuite à la mise en place d'une réforme agraire qui pousse à la production du riz générant une demande interne solvable de petites machines fabriquées localement. Les règles de la propriété foncière et la libération des prix agricoles conduisent à faire du pays le 4° producteur mondial de riz avec 34,6 mégatonnes et le 3° exportateur mondial de riz avec 2 mégatonnes. Par ailleurs, le pays devient producteur et exportateur de café de premier plan. La croissance est donc tirée par l'industrialisation et l'exportation

Cette réforme est soutenue par :

1) Le réalisme politique parfois opposé aux convictions idéologiques ;
2) Le nationalisme et le patriotisme ;
3) La souveraineté monétaire ;
4) La prise en main de ses entreprises de souveraineté ;
5) Un capitalisme d'état fort ;

6) La recomposition du paysage bancaire ayant ramené à 32 le nombre de banques commerciales contre 42 antérieurement.

23 ans après le début de la réforme, le PIB par habitant du Vietnam rejoint ceux du Cameroun et de la Côte d'ivoire; et depuis 2010 il est 1,2 fois plus élevé que celui du Cameroun et 1,32 fois plus élevé que celui de la Côte d'ivoire.

Les données économiques suivantes sont tirées du MOCI.

		2009	2010	2011	2013
Vietnam 83Mhbts Mon : dong	PIB (milliards USD)	93,2	103,6	122,7	151,9
	Croissance du pib à prix constant	5,3	6,8	5,9	5,9
	PIB/hbt (USD)	1068	1173	1374	1660
Cameroun 22M hbts Mon : FCFA	PIB (milliards USD)	22,2	22,4	25,6	26
	croissance du PIB à prix constant	2	2,9	4,2	5
	PIB/hbt (USD)	1114	1100	1225	1177
Cote d'ivoire 22Mhbts Mon : FCFA	PIB (milliards USD)	22,5	23	24	26
	croissance du PIB à prix constant	3,8	2,4	-4,7	7
	PIB/hbt (USD)	1052	1042,5	1062,1	1079,7

L'expérience du VIETNAM démontre que chaque peuple a le génie nécessaire pour améliorer son sort à la condition que le patriotisme soit au rendez vous de toutes les actions.

Il y a une constance dans les pays appelés TIGRES ASIATIQUES; c'est que l'industrialisation s'est faite à la base par les entreprises de substitution spécialisées dans les assemblages à partir de 1980 et qui sont devenus plus complètes par la remontée des filières

Les dragons d'Asie

Ce sont les Nouveaux Pays Industrialisés de l'Asie suivants:

- Corée du Sud : née de la division de la Corée en deux zones en1945, sa superficie est de 98274 km² et sa population est de 48 millions d'habitants. Sa production intérieure brute par habitant est de 28100 USD. Sa monnaie est le WON ;
- Taiwan : démembrement de la Chine dont la superficie est de 36008km², elle a une population de 23 millions d'habitants et une production intérieure brute par habitant de 20925USD. Sa monnaie est le Nouveau Dollar de Taiwan (TWD) ;
- Singapour : ancienne colonie britannique constituée de 64 îles, sa superficie est de 699km², et sa population de 5 millions d'habitants ; sa monnaies est le Dollar Singapourien (SGD) sa production intérieure brute par habitant est de 55 182 USD 1USD=1,29SGD ;
- Hong Kong : ancienne colonie britannique (1842) rétrocédée à la Chine en 1997, c'est une région administrative spéciale de la République Populaire de

Chine qui a une superficie de 1104 km², une population de 7 millions d'habitants, sa monnaie est le Dollar de Hong Kong (HKD) et une production intérieure brute par habitant de : 38124 USD 1EURO=8,57HKD.

Modèle de développement des Dragons d'Asie

Le développement de ces pays s'amorce en 1980 et son processus est le suivant:

- Réforme des structures agraires et révolution verte pour augmenter les rendements agricoles.
- Une industrialisation de main d'œuvre peu qualifiée, de faible niveau technique et peu complexe tournée vers l'exportation ;
- Chaque pays se spécialise dans la conquête d'un marché mondial; ce qui lui offre des débouchés quasi illimités ;
- Chaque pays s'attelle à conquérir une position dominante dans une ou plusieurs industries singulières: Singapour est le leader des disques durs pour ordinateurs, Hong Kong est celui du jouet électronique, la Corée du Sud est le leader des téléviseurs, Taiwan est celui des consoles d'ordinateurs ;
- Chaque pays créé des entreprises nationales dans les secteurs concernés.

Les facteurs de croissance

Les facteurs de croissance dans ces pays sont les suivants:

- Les investissements directs étrangers (IDE) en provenance du Japon, USA et de la diaspora qui trouvent localement une main d'œuvre abondante et peu chère pour améliorer la compétitivité de leurs produits ;
- La modernisation de l'agriculture qui permet de dégager de la main d'œuvre orientée vers l'industrie
- Une population respectueuse de la hiérarchie influencée par les valeurs confucéennes ;
- Le rôle de l'Etat dans la définition des objectifs globaux à atteindre, les filières à développer, les exonérations fiscales avantageuses, la protection du marché intérieur, les zones franches ;
- L'utilisation de la sous-traitance qui s'établit entre les grandes firmes étrangères et les sociétés nationales, à travers les PME du pays ;
- Les faibles coûts de production ;
- Les monnaies nationales bien qu'indexées sur le dollar ne subissent pas les fluctuations de cette dernière ;
- L'épargne privée et publique est dirigée vers les investissements productifs; ce qui favorise la croissance de la production et des exportations.

Le *«miracle »* de ces pays repose sur deux facteurs :

- les pouvoirs politiques forts et autocratiques ;
- l'inégale répartition des fruits de la croissance et une paupérisation souvent marquée de la masse populaire.

Chapitre XIV

OSER LE CHANGEMENT AVEC COURAGE

« Il n'y a pas de bonheur sans courage
ni de vertu sans combat »
(Jean Jacques Rousseau)

L'AFRIQUE N'A PAS BESOIN DE PLEURS, ELLE A BESOIN D'ACTIONS

Plus d'un demi-siècle après les «indépendances», l'Afrique noire Française croupit dans la misère et la pauvreté.

Vidée de ses bras valides par une impitoyable traite négrière qui a duré 300 ans et qui a déconstruit son organisation sociale, politique, administrative et économique sous l'ère précoloniale, terrassée ensuite par une colonisation implacable qui perdure sous forme de néo-colonisation, elle a du mal à prendre ses marques. Certains tenants de l'ordre colonial comme Nicolas SARKOZHY lui suggèrent aujourd'hui de ne pas *«pleurer sur un âge d'or qui ne reviendra pas, pour la simple raison qu'il n'a jamais existé»*; et elle accepte, sans rechigner, d'être maintenue dans les liens de la servitude économique par un pacte colonial qu'elle avait signé aux premiers jours des indépendances politiques.

Par l'incurie de ses élites dirigeantes, elle continue de subir les affres et les pesanteurs d'un colonialisme économique dont les maîtres d'œuvre sont les entreprises transnationales prédatrices qui confisquent ses terres et ses entreprises de souveraineté avec la complicité des économistes du Fonds Monétaire International par le biais des privatisations et des instruments de domination économique savamment mis en place, que sont le pacte colonial, le franc CFA (franc des colonies françaises d'Afrique) et le Compte d'Opérations. Le continent noir spolié continue de financer les politiciens de l'Hexagone *(la françafrique*) et demeure la chasse gardée d'un Occident sur le déclin. Ses leaders et ses élites sont seuls comptables de son asservissement économique à cause de leur attachement affectif à l'ancienne métropole et de leur soumission indéfectible aux différents régimes qui s'y succèdent. Ils donnent, ce faisant, raison au Président-poète SENGHOR qui affirmait que « L'émotion est nègre et la raison hellène».

LES DIRIGEANTS AFRICAINS DOIVENT SE DÉBARRASSER DE LEUR MENTALITÉ SERVILE

Confucius disait que: « Sous un bon gouvernement, la pauvreté est une honte, sous un mauvais gouvernement, la richesse est une honte ». La pauvreté est le lot des populations africaines ; et beaucoup de gouvernements africains n'en ont pas honte. Soit ils s'en accommodent, soit ils essaient de justifier cette situation. Or, l'échec n'a point besoin de justification. L'Afrique a d'immenses potentialités; et ses gouvernements font peu d'effort pour les transformer en richesse par l'industrialisation endogène qui en est le levier de production. L'Afrique est à l'image d'une personne démunie assise sur un tas d'or et qui attend qu'on lui dise ce qu'il peut en faire. On en conclue que les gouvernements africains sont, pour la plupart, de «mauvais gouvernements». Leurs dirigeants, attachés à une communauté française virtuelle dont les africains croyaient s'être affranchis, sont pris dans la nasse d'un système néocolonial savamment mis en place par l'ancienne métropole pour la protection de ses intérêts et qui leur dicte la conduite à tenir. Ils peuvent alors, sans honte, affirmer, sur le perron de l'Elysée, après une visite au chef d'Etat français, qu'ils sont « *le meilleur élève de la France* ». Dans l'euphorie du pouvoir, ils ont vite oublié que *«les Etats n'ont pas d'amis, ils n'ont que des intérêts»*.

LES DIRIGEANTS AFRICAINS DOIVENT AGIR AVEC PATRIOTISME

Le pré-carré français a d'abord un atout démographique certain. Sa population évaluée actuellement à 172 Millions d'habitants atteindra, dans 20 ans, 300Millions de consommateurs. C'est donc un vaste marché potentiel qui doit d'abord profiter aux industries nationales et qui attise aussi les convoitises étrangères au nom de la globalisation des échanges. Cette démographie qui est une opportunité peut constituer, à terme, une menace s'il tarde à s'industrialiser, car, la paupérisation va s'accentuer et le désordre social va donc s'installer.

En outre, le continent noir est assis sur de fabuleuses richesses naturelles du sol et du sous sol dont la transformation locale doit être urgemment implémentée. C'est son deuxième atout. Seule une *révolution industrielle africaine* peut permettre sa décolonisation économique et, ainsi, parachever son indépendance politique. Celle ci doit être basée sur l'émergence des entreprises nationales dans tous les secteurs économiques, y compris les secteurs bancaires et financiers Nous avons défini *l'entreprise nationale comme une structure de production de biens et de services marchands destinés à la satisfaction des besoins dont le capital est détenu majoritairement par les opérateurs privés nationaux ou par l'Etat.* Car, ceux qui ont la majorité du capital imposent généralement leurs orientations à l'entreprise. Il peut s'agir soit d'unités privées entièrement nationales soit de coentreprises avec les opérateurs étrangers, soit enfin des entreprises de souveraineté. L'Etat a le devoir de pallier à l'insuffisance du capital privé national. Les entreprises nationales devront bénéficier d'un *système généralisé de préférence économique* en toute circonstance. C'est une mesure incitative à cette initiative. Elles doivent également faire l'objet d'une juste protection et des mesures doivent être prises pour améliorer leur compétitivité. Les accords de partenariat économique que l'union européenne veut signer avec l'Afrique ne vont pas dans ce sens. Il faut s'en abstenir. Le pacte colonial doit être liquidé et la souveraineté monétaire conquise. Le système bancaire doit être revu pour renforcer sa contribution au financement de ces unités de production.

Sur le plan idéologique la révolution industrielle africaine doit être endogène. L'Afrique doit privilégier la promotion du capital endogène allié au capitalisme d'état car, ainsi que l'affirme l'économiste SAMIR AMIN: « Le capital étranger n'a jamais produit le développement dans un pays. ». La quête d'un développement auto centré n'est nullement un repli sur soi même, mais une ouverture économique contrôlée, à l'exemple de la Chine.

Ces grandes mesures ne peuvent être prises que par des dirigeants africains habités par un nationalisme et un patriotisme sourcilleux. Il faut, pour cela, des hommes et des femmes qui acceptent d'en payer le prix et de rompre avec la trilogie: Avoir, Pouvoir, Gloire**.** Une nouvelle race de dirigeants est donc nécessaire pour prendre en main, avec courage, le destin de l'Afrique, sans rechercher l'onction de l'ancienne métropole.

LES DIRIGEANTS AFRICAINS DOIVENT RELEVER LE DÉFI DE LA DÉCOLONISATION ÉCONOMIQUE

Certains pères fondateurs avaient ouvertement prescrit cette lutte, en guise de testament.

Le Président ivoirien HOUPHOUET BOIGNY, l'homme de la France-Afrique, avait prévenu ses partisans du PDCI-RDA. «….Vous devrez conquérir l'indépendance économique. ». Le «sage de l'Afrique» redoutait, à juste raison, la confiscation des principaux leviers économiques de son pays par les forces étrangères et exhortait ainsi les ivoiriens à ne pas l'accepter. Il s'en est allé après avoir travaillé à l'émergence d'une classe moyenne sur laquelle il fondait beaucoup d'espoir pour assurer cette mission. Son testament économique est l'aveu de son propre échec. Avec regret, mais avec lucidité, il constatait, tout compte fait, que son pays n'avait pas pu s'approprier les rênes de son développement, en liquidant le pacte colonial comme le prescrivait le Rassemblement Démocratique Africain dont il était le fondateur. Le Président tanzanien, JULIUS NYERERE, quant à lui, souhaitait que les pays Africains cessent d'être les satellites économiques d'un Occident central et qu'ils sortent du rôle de consommateurs des produits occidentaux et pourvoyeurs de matières premières dans lequel ils sont depuis longtemps enfermés, pour devenir eux-mêmes producteurs de biens manufacturés.

LES DIRIGEANTS AFRICAINS DOIVENT PRÉSERVER L'AFRIQUE CONTRE UNE RECOLONISATION POLITIQUE

L'ancienne métropole fait feu de tout bois pour conserver le marché constitué par son pré-carré. Elle ne veut pas que les cordons ombilicaux qui la relient à ses anciennes colonies soient coupés. Elle veut conserver coûte que coûte, la position de *«centre»* qui se nourrit des «*périphéries*». Elle veille à ce que les pays de son empire africain ne rompent pas définitivement les liens de servitude qui les unissent à elle, de peur de perdre sa stature internationale. C'est sous ce prisme qu'il faut comprendre les expéditions militaires actuelles de la France en Afrique où des conditions de chaos sont créées au nom de la lutte contre les terroristes de l'islam radical comme c'est le cas au Mali, au Tchad et au Cameroun; ou au nom du maintien de l'ordre colonial comme c'est le cas en Côte d'Ivoire. THEOPHILE KOUAMO, journaliste, créateur du journal Le Courrier d'Abidjan, dans son ouvrage intitulé «LA RECOLONISATION DE L'AFRIQUE, le cas de la Côte d'Ivoire», paru en 2007 dénonçait la recolonisation, en cours, du pré-carré. Pour étayer sa démonstration, il décortiquait les discours de quelques théoriciens de ce projet funeste, nombreux dans le sérail gouvernemental français, toutes chapelles politiques confondues: HUBERT VEDRINE, STEPHEN SMITH, et MICHELLE ALLIOT MARIE. Leurs déclarations dans divers média de forte audience ou stratégiques s'emploient, pour le premier, à légitimer les formes modernes de protectorat ou de tutelle par le Conseil de Sécurité de l'ONU (cas de la côte d'ivoire), pour le deuxième à prôner la recolonisation pure au regard de l'incurie de l'Afrique et de son échec à s'assumer, pour le troisième, à prôner l'intervention militaire directe en Afrique, espace de non état pour contenir la vague migratoire qui y naît et se développe et circonscrire le risque d'embrasement de l'Afrique toute entière. Cette recolonisation qui va contrecarrer les actions pour sa libération économique doit être combattue. Le choc est donc là, inévitable pour le continent noir qui ambitionne de prendre en main son développement de manière endogène.

LES DIRIGEANTS AFRICAINS DOIVENT OSER LE CHANGEMENT

Résister et vivre ou capituler et mourir, tel est le dilemme auquel l'Afrique est aujourd'hui confrontée. La nouvelle génération dirigeante doit prendre ses responsabilités maintenant et oser le changement avec courage. Elle doit faire sienne cette pensée de Sénèque: *« ce n'est pas parce que les choses sont difficiles que nous n'osons pas; c'est parce que nous n'osons pas qu'elles sont difficiles »*

Annexe I

RÉSULTATS DU RECENSEMENT GÉNÉRAL DES ENTREPRISES AU CAMEROUN EN 2009

Le Cameroun est l'un des rares pays de cet espace à s'être livré au recensement de ses entreprises. à cette discipline et mérite d'être pris en exemple.

Celui-ci a été conduit en 2009 par la DIRECTION DE LA STATISTIQUE ET DE LA COMPTABILITE NATIONALE.

Des nombreuses informations utiles ont été collectées. Leur exploitation judicieuse pourrait permettre la transformation des entreprises authentiquement camerounaises en une machine de développement.

Celles qu'on pourrait citer principalement sont les suivantes :

Le nombre d'entreprises formelles existantes

Le recensement a enregistré 93969 entreprises au Cameroun

a) *La répartition par type* :

- Très petites entreprises: 75%
- Petites entreprises: 19%
- Moyennes entreprises: 5%
- Grandes entreprises: 1%

En Afrique francophone subsaharienne, nous avons hérité de la classification européenne des entreprises qui, s'appuyant généralement sur les critères principaux d'effectif et de Chiffre d'affaires, tient à faire apparaître leur rôle social et économique.

Au Cameroun on a la typologie suivante :

- TPE: chiffre d'affaires inferieur ou égal à 15 MF ;
- PE: chiffre d'affaire compris entre 15 et 100 MF ;
- ME: chiffre d'affaire supérieur à 100 M ;
- GE.

La répartition par secteur

- 86,5% sont du secteur tertiaire
- 13,1% sont du secteur secondaire
- 0,4% sont du secteur primaire

On observe cette grande concentration des entreprises dans le secteur tertiaire; cette caractéristique est propre à tous les pays d'Afrique francophone subsahariens et s'explique par la dualité économique introduite par le pacte colonial

La répartition par forme

- Entreprises individuels: 89%
- SARL: 5%
- SA:2%
- Autres: 4%

La très grande majorité des entreprises sont de forme individuelle, naturellement parce qu'elles sont détenues par les nationaux qui n'ont pas la culture du capital commun

La répartition par emploi et par chiffre d'affaire

- Très petites entreprises: 30% d'emploi et 5% du chiffre d'affaire global
- Petites entreprises: 18% d'emplois et 8% du chiffre d'affaire global
- Moyennes entreprises: 12% d'emploi et 15% du chiffre d'affaire global
- Grandes entreprises: 38% d'emplois et 67% du chiffre d'affaire global

Il est important de noter que les grandes entreprises ne créent que 38% d'emplois et le reste en créé 62%; la PME et la TPE constituent donc un réservoir de main d'œuvre et un exutoire à la crise sociale

L'Information comptable

Seul 42% d'entreprises camerounaises tiennent une comptabilité écrite dont seulement 31% aboutissent à une comptabilité formelle aboutissant à la confection d'une DECLARATION STATISTIQUE ET FISCALE.

La répartition par âge

81% d'entreprises recensées ont moins de 10 ans d'âge

La formation des chefs d'entreprise

- 46% de chefs d'entreprises ont au plus le niveau primaire
- 40% de dirigeants ont une formation de l'enseignement supérieur

Nationalité des dirigeants

- 92% d'entreprises est dirigé par les nationaux

Nationalité du Capital et emplois

- Les entreprises à capital majoritairement national constituent 97,8% des unités et emploient 68% du personnel ;
- Les entreprises à capital majoritairement étranger constituent 2,2% des unités de production et emploient 15,6% du personnel.

La dualité économique héritée de la colonisation apparait ici clairement. Les pays d'Afrique Noire Français gagneraient à encourager les nationaux à créer les entreprises car on observe que, dans la mondialisation actuelle, les entreprises à capitaux étrangers sont toujours à la recherche des pays plus accueillants fiscalement avec des facteurs de production peu coûteux pouvant leur permettre de faire d'énormes bénéfices ; elles sont donc très mobiles. Alors que les entreprises à capitaux nationaux se délocalisent peu !

Principaux obstacles à l'entreprenariat relevés par les entrepreneurs approchés

- Fiscalité: 58%
- Corruption: 51%
- Accès au crédit: 38%
- Formalités administratives: 35%
- Concurrence déloyale: 26%
- Infrastructures: 18%
- Coût du financement: 18%
- Justice: 11%

BIBLIOGRAPHIE

1 KWAME NKRUMAH : L'AFRIQUE DOIT S'UNIR, éditions Présence Africaine

2 JEAN ZIEGLER : DESTRUCTION MASSIVE GEOPOLITIQUE DE LA FAIM

3 WILLIAM ARHUR LEWIS : ECONOMIC DEVELOPMENT OF UNLIMITED SUPPLY OF LABOUR

4 RENE DUMONT: L'AFRIQUE NOIRE EST MAL PARTIE, éditions du Seuil

5 **P**. DESSOUANE ET P. VERRE : DU DEVELOPPEMENT AUTOCENTRE AU NATIONALISME LIBERALISME horizon documentation 1986

6 Dr RENE MARTIN ATANGANA : CAPITALISME ET NATIONALISME, étude sur les relations franco camerounaises entre 1946 et 1956, Sorbonne 1998

7 FANNY PIGEAUD : AU CAMEROUN DE PAUL BIYA, éditions KARTHALA

8 BERNARD LUGAN : POUR EN FINIR AVEC LA COLONISATION, éditions du ROCHER

9 NGOA TABI HENRI ET MYONSABA SEBIGUNDA EDSON : ACCES AU CREDIT BANCAIRE ET SURVIE DES PME CAMEROUNAISES , le rôle du capital social Centre des Etudes et de Recherche en Economie de Gestion Yaounde II

10 ETOUNGA MANGUELE : L'AFRIQUE A-T-ELLE BESOIN D'UN AJUSTEMENT CULTUREL ? éditions Nouvelles du Sud

11 PAUL BIYA : POUR LE LIBERALISME COMMUNAUTAIRE, éditions Pierre Marcel FAVRE 1986

12 BORIANA YONTCHEVA : PERSPECTIVES ECONOMIQUES DU CAMEROUN : représentant résident du FMI au Cameroun 16/11/2012
13 CHEIKH ANTA DIOP : NATIONS NEGRES ET CULTURES, éditions Présence Africaine 1954
14. CHEIKH ANTA DIOP : L'UNITE CULTURELLE DE L'AFRIQUE NOIRE, éditions Présence Africaine 1959
15. CHEIKH ANTA DIOP : L'AFRIQUE NOIRE PRECOLONIALE : ETUDE COMPAREE DES SYSTEMES POLITIQUES ET SOCIAUX DE L'EUROPE ET DE L'AFRIQUE NOIRE, DE L'ANTIQUITE A LA FORMATION DES ETATS MODERNES 1960
16. TCHUNDJANG POUEMI JOSEPH : MONNAIE SERVITUDE ET LIBERTE Editions Jeune Afrique 1979
17. PAUL ROSENSTEIN RODAN : PROBLEMS OF INDUSTRILIZATION OF EASTERN AND SOUTH EASTERN EUROPE
18. SAMIR AMIN : LE DEVELOPPEMENT DU CAPITALISME EN COTE D'IVOIRE, éditions de Minuit 1967
19. SAMIR AMIN : LA FAILLITE DU DEVELOPPEMENT EN AFRIQUE ET DANS LE TIERS MONDE 1989
20. Le NEPAD NEW PARTNERSHIP'S FOR AFRICA DEVELOPMENT créé en 2001 par la fusion du plan et du plan OMEGA de THABO MBEKI
21. Le G8 créé en 1975 compte les huit pays suivants : Allemagne, CANADA, ETATS UNIS, France, Italie, JAPON ROYAUME UNI, RUSSIE. Ils se réunissent chaque année.
22. Le BRICS : regroupement de 5 superpuissances émergentes : BRESIL, INDE, RUSSIE, CHINE,

AFRIQUE DU SUD représentant 40% de la population mondiale, 15% de son PIB, 50% de la croissance économique actuelle

23. FOTSO VICTOR : LE CHEMIN DE HIALA, éditions de septembre, 1994
24. JEAN BASTIN : L'ASSURANCE CREDIT DANS LE MONDE CONTEMPORAIN (éditions JUPITER PARIS 1° 1978)
25. PIERRE KIPRE : LE CONGRES DE BAMAKO ou la naissance du RDA, collection Afrique Contemporaine paris
26. THEOPHILE KOUAMO: LA RECOLONISATION DE L'AFRIQUE le cas de la Côte d'Ivoire, éditions Le COURRIER d'Abidjan 2000

TABLE DE MATIERES

Économie et Entreprise

aux éditions L'Harmattan

Dernières parutions

LA DÉCROISSANCE ÉCOLOGIQUE TRANSFORME L'ENTREPRISE
Christophe Bernard
Ce livre identifie les failles du développement durable appliqué à l'entreprise. Il identifie ensuite la meilleure forme de gouvernance pour une entreprise qui se veut soucieuse d'écologie et prête à décroître s'il le faut. Il propose enfin des outils à mettre en place pour permettre aux entreprises de décroître, et revient sur le rôle qui incombe aux États en matière de politique économique, car une entreprise ne peut envisager une décroissance écologique harmonieuse sans soutien de l'État.
(Coll. L'esprit économique, 23.50 euros, 224 p.)
ISBN : 978-2-343-12401-8, ISBN EBOOK : 978-2-14-004352-9

LE MANAGEMENT ENTRE CIVILISATION ET BARBARIE
Rappin Baptiste
Coordonné collectivement par La Société de Philosophie des Sciences de Gestion
Que le management emplit désormais nos existences contemporaines est un fait, et ne saurait être remis en cause : en effet, de notre naissance à notre disparition, nous sommes désormais constamment en prise, directe ou indirecte, avec les organisations. Mais le constat du fait social total suffit-il à assimiler le management à la civilisation ? C'est tout l'enjeu de cet ouvrage collectif que de répondre à cette question en analysant les liens qui unissent ou séparent management, civilisation et barbarie.
(Coll. Perspectives organisationnelles, 36.00 euros, 348 p.)
ISBN : 978-2-343-12261-8, ISBN EBOOK : 978-2-14-004209-6

LE HARCÈLEMENT MORAL DANS LA VIE PRIVÉE
Connaître la loi pour mieux l'appliquer (nouvelle édition)
Hincker Laurent
La harcèlement moral et la violence psychologique précèdent la violence physique. Des personnalités complexes, souvent appelées pervers narcissiques, sont les auteurs de ces violences invisibles. Quelles stratégies la loi nous permet-elle de mettre en œuvre pour les démasquer ? Dans la seconde édition de ce livre revisité, l'auteur fait le point sur les dernières avancées de la loi et de la jurisprudence dans ce domaine. Il s'adresse aux victimes, aux juristes, acteurs médicaux et sociaux.
(Coll. Antidotes, 13.00 euros, 108 p.)
ISBN : 978-2-343-12664-7, ISBN EBOOK : 978-2-14-004266-9

PRIX DE TRANSFERT ET STRATÉGIES D'OPTIMISATION FISCALE DE LA FIRME MULTINATIONALE
Carasco Pierre-Yves
Les opérations intragroupes ou opérations de « prix de transfert » représenteraient entre 30 et 60 % du commerce mondial. La « multinationale » est traquée par le fisc. Les paradis fiscaux et le dumping fiscal, tant décriés, semblent prospérer toujours. Comment les réglementations évoluent et qu'est-ce que cela implique pour les entreprises multinationales ? Quelle importance accorder à ces opérations et quels impacts pour les États ? Ce livre définit, contextualise et analyse les opérations de prix de transfert en accordant une vision claire des enjeux associés à ces transactions et détaille les libertés et les contraintes qui pèsent sur les groupes mondiaux.
(Coll. Esprit économique, 15.50 euros, 144 p.)
ISBN : 978-2-343-11526-9, ISBN EBOOK : 978-2-14-004066-5

MANUEL DE COMPTABILITÉ (tome I)
Initiation à la comptabilité générale
Camara Kadiata Mory
Ce premier tome présente l'environnement comptable OHADA. Il permet aux utilisateurs d'apprendre et de comprendre facilement, à l'aide d'exemples et d'exercices, chacun des aspects fondamentaux et des opérations courantes : la notion d'entreprise et de comptabilité, l'analyse des flux économiques ; la notion de bilan et de compte de résultat ; l'enregistrement comptable des opérations courantes de l'entreprise : achats-ventes, encaissements et règlements ; l'enregistrement et le mécanisme de déclaration de la TVA ; la tenue des livres comptables.
(Harmattan Guinée, 31.00 euros, 302 p.)
ISBN : 978-2-343-12054-6, ISBN EBOOK : 978-2-14-004241-6

MANUEL DE COMPTABILITÉ (tome II)
Les travaux de fin d'exercice comptable
Camara Kadiata Mory
Ce 2e tome, conforme aux normes du système comptable OHADA, est structuré en huit chapitres comportant une présentation du cours, des applications corrigées et des exercices proposés. Il traite l'essentiel des opérations de fin d'exercice comptable. Pour arrêter ses comptes et produire les documents de synthèse (balance, bilan, compte de résultat, état annexé), l'entreprise doit procéder aux opérations d'inventaires et passer des écritures de régularisation qui en découlent.
(Harmattan Guinée, 29.00 euros, 276 p.)
ISBN : 978-2-343-12059-1, ISBN EBOOK : 978-2-14-004242-3

MANUEL DE COMPTABILITÉ (tome III)
Éléments de technique comptable approfondie
Camara Kadiata Mory
L'objectif de ce 3e volume est de donner aux utilisateurs quelques éléments de techniques comptables approfondies : éléments liés à la réglementation comptable basée sur les normes de l'Acte uniforme de l'OHADA portant sur l'organisation et l'harmonisation des comptabilités des entreprises, la nature des opérations

d'investissements, leur financement, quelques opérations spécifiques et certaines opérations courantes.
(Harmattan Guinée, 33.00 euros, 322 p.)
ISBN : 978-2-343-12060-7, ISBN EBOOK : 978-2-14-004243-0

LA PLACE DES RÉGIONS DANS LA DÉCENTRALISATION FRANÇAISE
Niepceron Alexis – Sous la direction de Madame le professeur Laetitia Janicot
Master «Droit des collectivités territoriales et politiques publiques»
Le quinquennat du président de la République François Hollande a été marqué par de profonds changements en matière de décentralisation, notamment pour la collectivité régionale. Afin d'accroître leurs pouvoirs et leur place dans la décentralisation, les lois des 16 janvier et 7 août 2015 ont réduit le nombre des régions, étendant ainsi leur périmètre. Pour autant, la région sort-elle véritablement renforcée de ces réformes ? Cette étude établit un bilan des avancées et des manquements des dernières réformes, en relevant et interrogeant les difficultés politiques et juridiques.
(20.50 euros, 204 p.)
ISBN : 978-2-343-12340-0, ISBN EBOOK : 978-2-14-004253-9

AUSTÉRITÉ ET RIGUEUR DANS LES FINANCES LOCALES
Une approche comparative et pluridisciplinaire
Sous la direction de Guillaume Gourgues et Matthieu Houser
Les finances publiques locales sont-elles victimes d'une politique d'austérité ? Assiste-t-on à une nouvelle définition de la « rigueur » budgétaire ? Comment les élites politiques et administratives adhèrent, réagissent, s'adaptent-elles à la « nouvelle donne » des finances locales ? Cet ouvrage explore la complexité des débats sur l'évolution des finances publiques locales. En proposant des analyses portant à la fois sur la réalité juridique et financière des situations de rigueur, nous proposons de traiter des thématiques liées au débat général sur « l'austérité locale ».
(Coll. Grale, 30.00 euros, 298 p.)
ISBN : 978-2-343-12371-4, ISBN EBOOK : 978-2-14-004101-3

LA GOUVERNANCE NODALE DU RÉSEAU DE SÉCURITÉ LOCALE
Quéro Yann-Cédric
De nombreux acteurs (appelés « nodes ») sont engagés dans les enjeux partagés de sécurité locale : élus locaux, police nationale, gendarmerie, préfet, justice, etc. Mais très peu d'informations étaient jusqu'alors disponibles sur la manière dont fonctionne au quotidien ce réseau d'acteurs hétéroclites qui coproduit la sécurité locale. Cet ouvrage se propose au travers de plus de quarante-cinq entrevues, d'analyser le rôle de chacun au regard du cadre réglementaire de coproduction de sécurité.
(Coll. Sciences criminelles, 27.00 euros, 264 p.)
ISBN : 978-2-343-12177-2, ISBN EBOOK : 978-2-14-004216-4

PROBATION, INSERTION
Les deux axes d'une politique ambitieuse de prévention de la récidive
Daniel Christian
Depuis des décennies, les gouvernements successifs, le Parlement, ont échoué à mettre en place une politique efficiente face à la délinquance. Si des évolutions

intéressantes ont pu être esquissées, leur mise en œuvre est demeurée trop timorée : jamais les décideurs n'ont eu le courage de surmonter les pressions et d'opérer les bons choix. En s'appuyant sur son expérience et à la faveur de nombreux échanges, l'auteur formule soixante-six propositions pour engager le tournant nécessaire.
(24.00 euros, 236 p.)
ISBN : 978-2-343-12564-0, ISBN EBOOK : 978-2-14-004259-1

L'ENTREPRISE ÉMOTIONNELLE
Une mutation incontournable
Gailliegue Didier
Cet ouvrage est consacré à la gestion du capital émotionnel constitué par l'ensemble des collaborateurs de l'entreprise, quelle que soit sa taille. Le management doit prendre en compte ce facteur incontournable d'efficacité et de pérennité. Le rôle de leader d'une organisation du travail est essentiel. D'un statut de chef hiérarchique il va devenir le coach qui détiendra son autorité par sa capacité à fédérer. L'habileté émotionnelle du chef d'entreprise devient une qualité stratégique. L'intelligence émotionnelle montre une voie d'espoir pour l'entreprise de demain.
(22.00 euros, 206 p.)
ISBN : 978-2-343-12075-1, ISBN EBOOK : 978-2-14-003916-4

ENTREPRISES VIVANTES
Ensemble, elles peuvent changer le monde
Sous la direction de Manfred Mack et Cristine Koehler
Ce livre réunit un panorama des principaux concepts d'entreprise qui ont vu le jour au cours des dix à quinze dernières années. Écrit par dix acteurs clés, il témoigne des nouveaux rôles et fonctionnements de l'entreprise. Ces innovations organisationnelles, agilité, entreprise libérée, création de valeur globale, réseaux locaux, économie collaborative, montrent l'importance de la créativité, de la persévérance et de la compréhension écosystémique de l'entreprise. Ces innovations sont susceptibles, ensemble, de régénérer l'économie.
(23.50 euros, 222 p.)
ISBN : 978-2-343-11508-5, ISBN EBOOK : 978-2-14-003860-0

COÉVOLUTION, CULTURE D'ENTREPRISE ET PHILOSOPHIE ÉCONOMIQUE
Au-delà du conflit entre l'économie et la société
Anker Heinrich
Il existe un véritable conflit, entre le capital et le travail, autrement dit entre économie et société, qui peut être dépassé par la coévolution. Ce concept comprend plusieurs points-clés : vivre, avec les clients et les collaborateurs, une culture du sens et de l'estime humaine ; respecter les ressources de la société et de la nature, et les gérer dans une perspective à long terme. L'expérience a prouvé maintes fois que ces entreprises sont plus robustes et rentables que la moyenne.
(Coll. Ad valorem, 16.50 euros, 144 p.)
ISBN : 978-2-343-11378-4, ISBN EBOOK : 978-2-14-003907-2

L'HARMATTAN ITALIA
Via Degli Artisti 15; 10124 Torino
harmattan.italia@gmail.com

L'HARMATTAN HONGRIE
Könyvesbolt ; Kossuth L. u. 14-16
1053 Budapest

L'HARMATTAN KINSHASA
185, avenue Nyangwe
Commune de Lingwala
Kinshasa, R.D. Congo
(00243) 998697603 ou (00243) 999229662

L'HARMATTAN CONGO
67, av. E. P. Lumumba
Bât. – Congo Pharmacie (Bib. Nat.)
BP2874 Brazzaville
harmattan.congo@yahoo.fr

L'HARMATTAN GUINÉE
Almamya Rue KA 028, en face
du restaurant Le Cèdre
OKB agency BP 3470 Conakry
(00224) 657 20 85 08 / 664 28 91 96
harmattanguinee@yahoo.fr

L'HARMATTAN MALI
Rue 73, Porte 536, Niamakoro,
Cité Unicef, Bamako
Tél. 00 (223) 20205724 / +(223) 76378082
poudiougopaul@yahoo.fr
pp.harmattan@gmail.com

L'HARMATTAN CAMEROUN
TSINGA/FECAFOOT
BP 11486 Yaoundé
699198028/675441949
harmattancam@yahoo.com

L'HARMATTAN CÔTE D'IVOIRE
Résidence Karl / cité des arts
Abidjan-Cocody 03 BP 1588 Abidjan 03
(00225) 05 77 87 31
etien_nda@yahoo.fr

L'HARMATTAN BURKINA
Penou Achille Some
Ouagadougou
(+226) 70 26 88 27

L'HARMATTAN SÉNÉGAL
10 VDN en face Mermoz, après le pont de Fann
BP 45034 Dakar Fann
33 825 98 58 / 33 860 9858
senharmattan@gmail.com / senlibraire@gmail.com
www.harmattansenegal.com

www.ingramcontent.com/pod-product-compliance
Lightning Source LLC
LaVergne TN
LVHW011312061026
849535LV00005B/1519
* 9 7 8 2 3 4 3 1 3 1 7 1 9 *